Le Voyageur
à six roues

DU MÊME AUTEUR

Agénor, Agénor, Agénor et Agénor, roman, Quinze, 1981.
La Tribu, roman, Libre Expression, 1981.
Ville-Dieu, roman, Libre Expression, 1983.
Courir à Montréal et en banlieue, Libre Expression, 1983.
Aaa, Aâh, Ha ou les amours malaisées, roman, L'Hexagone, 1986.
Nulle part au Texas, roman, Libre Expression, 1989.
Les Plaines à l'envers, roman, Libre Expression, 1989.
Je vous ai vue, Marie, roman, Libre Expression, 1990.
Ailleurs en Arizona, roman, Libre Expression, 1991.

En édition de poche :

Agénor, Agénor, Agénor et Agénor, collection TYPO, L'Hexagone, 1988.

François Barcelo

Le Voyageur à six roues

Libre Expression

Données de catalogage avant publication (Canada)

Barcelo, François, 1941-
Le voyageur à six roues
ISBN 2-89111-477-9
I. Titre.
PS8553.A7615V69 1991   C843'.54   C91-096880-2
PS9553.A7615V69 1991
PQ3919.2.B37V69 1991

Maquette de la couverture : France Lafond
Illustration de la couverture : Stéfan Anastasiu

Photocomposition et mise en pages : Sylvain Boucher

© Éditions Libre Expression
2016, rue Saint-Hubert
Montréal, Qc H2L 3Z5

Dépôt légal :
3ᵉ trimestre 1991

ISBN 2-89111-477-9

À Mia et Gabrielle,
premiers enfants à être nés des miens.

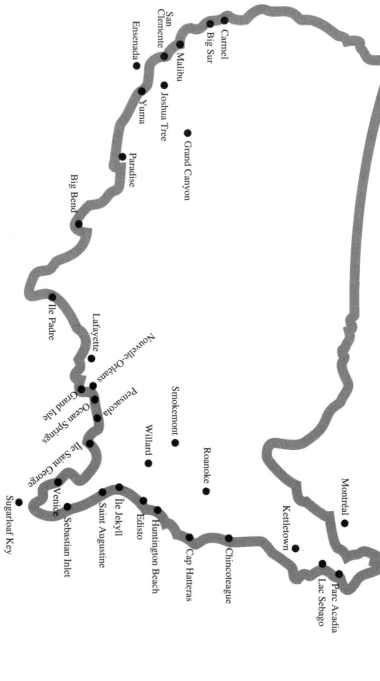

Lac Sebago
(Maine)

Le 28 août 1988

Pendant des années, j'ai rêvé à cette journée, et j'ai passé des mois à la préparer. Mais rien ne s'est passé comme je l'avais prévu — ni, à plus forte raison, comme je l'avais souhaité.

Pour commencer, une pluie fine s'est mise à tomber au moment précis où je plaçais sur le siège du passager, dans la voiture, la glacière contenant une boîte de thé glacé et deux sandwiches.

Puis, lorsque j'ai fait le tour de mon équipage pour m'assurer que tout était en ordre, j'ai constaté que les deux pneus de la caravane étaient à plat. Sans doute était-ce l'œuvre des mauvais garçons du quartier, qui ont pu entendre parler de mon expédition et en être jaloux, à moins qu'ils n'aient simplement trouvé amusant de causer des emmerdements au propriétaire anonyme d'une caravane imprudemment garée pour une nuit sur la voie publique.

Au moins, les pneus de la voiture ont été épargnés.

J'ai réussi à contenir ma mauvaise humeur pour la bonne raison que je n'avais personne sur qui l'exercer, et j'ai sorti du coffre de la Mustang la pompe que j'avais décidé d'emporter sans me douter que je lui trouverais une utilité avant même d'être parti.

Les premiers coups de pompe n'ont eu aucun effet sur le pneu droit, qui est demeuré plat comme une crêpe. Un examen plus attentif m'a révélé qu'une fente, longue d'au moins deux centimètres, laissait échapper les derniers souffles d'air que je venais d'y injecter. J'ai fait le tour de la caravane pour constater que le pneu gauche présentait aussi une fente béante, de toute évidence l'œuvre du même objet pointu.

J'ai alors dételé la caravane et enlevé les deux roues, que j'ai mises sur la banquette arrière de la Mustang. Je suis arrivé à la station-service la plus proche juste au moment où son propriétaire en ouvrait les portes.

Un des pneus pouvait être réparé et l'a été promptement. L'autre présentait une fente plus profonde et était trop abîmé pour rouler de nouveau. La station-service n'avait pas en stock de pneu de cette taille. Et, comme on était dimanche, on ne pouvait espérer en trouver avant le lendemain.

— Laissez faire, ai-je dit au garagiste, j'utiliserai ma roue de secours.

Revenu à la caravane avec la roue réparée et la jante nue, j'ai eu tôt fait de poser la première ainsi que la roue de secours.

Il était huit heures passées lorsque je me suis enfin mis en route, moi qui avais prévu de partir à six heures et demie. La pluie avait cessé. Cela m'a semblé de bon augure et m'a remonté le moral. Mais, dès que j'ai emprunté le pont Champlain, elle s'est remise à tomber de plus belle.

Je me suis efforcé de me convaincre que ce ne serait qu'une ondée passagère et j'ai poursuivi mon chemin, pas du tout fâché de laisser derrière moi les voyous de mon quartier.

Quatre heures plus tard, j'approchais du parc de Franconia Notch, au New Hampshire, où j'avais projeté de passer ma première nuit. Il m'a toutefois semblé plus judicieux de poursuivre ma route sous la pluie que de passer le reste de l'après-midi coincé dans la caravane.

J'ai jeté un coup d'œil, sur le tableau de bord, au papier autocollant jaune où j'avais inscrit en gros caractères les routes à suivre pendant les deux premiers jours, avec le kilométrage cumulatif à chaque changement de direction. Ne valait-il pas mieux, tant qu'à faire, continuer jusqu'au point d'arrivée de la deuxième étape, le parc Baxter, dans le nord du Maine ? M'y rendre serait toutefois impossible avant la nuit. Et j'ai toujours détesté conduire dans l'obscurité, surtout sur des routes que je ne connais pas. De plus, ce parc nordique, en montagne, serait particulièrement froid et désagréable sous la pluie qui ne semblait pas vouloir cesser.

J'ai fait une pause à une halte routière. Assis à la table de la caravane, j'ai avalé mes deux sandwiches en consultant mon atlas des États-Unis. J'ai décidé de viser directement la côte du Maine, où il risque de faire moins froid, pour remonter ensuite jusqu'à la frontière canadienne, et reprendre alors le reste de l'itinéraire que je me suis fixé depuis des mois : suivre les côtes jusqu'à la frontière du Mexique, que je longerai jusqu'en Californie ; de là, je suivrai la côte du Pacifique jusqu'à Seattle, pour revenir à Montréal en serrant au plus près la frontière canadienne.

Bref, je me propose de faire le tour des États-Unis d'Amérique dans le sens des aiguilles d'une montre, à partir de Montréal. En abandonnant le parc Baxter et la frontière nord du Maine, j'arrondirai les coins. Mais qui pourrait me le reprocher ? De toute façon, qui saura que je ne fais pas le tour absolument complet des États-Unis comme je me l'étais promis ?

J'ai donc détaché un nouveau feuillet de mon bloc d'autocollants et j'y ai noté mon nouvel itinéraire. Mais le feuillet a refusé d'adhérer au plastique humide du tableau de bord. Je l'ai laissé sur le siège du passager, où je suis incapable de le lire, et me suis efforcé de me souvenir des routes à suivre.

Vers six heures, lorsque la pluie a enfin cessé, un panneau routier m'a annoncé que j'approchais du parc d'État du lac Sebago, dans le sud du Maine, et j'ai décidé d'y passer la nuit. J'ai un préjugé favorable à l'égard des parcs publics — parcs d'État ou parcs nationaux —, généralement peu coûteux, agréables et tranquilles. Et celui-là tombait à pic.

Il est surtout fréquenté par des amateurs de pêche généralement barbus et au physique imposant, qui remorquent derrière de puissantes camionnettes à quatre roues motrices des
bateaux à moteur hors-bord de grosse cylindrée. En cette fin
de week-end de fin d'été, ils sont presque tous affairés à sortir
du lac leur embarcation et à lever le camp. Sur le pare-chocs
de deux de leurs véhicules, un autocollant proclame : «Qu'est-ce
que nous attendons? Envoyons Rambo», sans préciser où celui-
ci pourrait être utile par les temps qui courent.

Comme je ne passerai qu'une nuit ici, je ne me suis pas
donné la peine de dételer la caravane. Pour oublier les décep-
tions de cette journée plutôt fertile en désagréments, je me
suis baigné quelques instants dans les eaux fraîches du lac et
cela m'a fait du bien.

J'ai passé une bonne partie de la soirée à examiner la
carte du Maine dans mon atlas routier, de façon à inscrire sur
de nouveaux autocollants jaunes l'itinéraire qui, demain, me
mènera rapidement et sans encombre à l'océan Atlantique.

Kettletown
(Connecticut)

Le 29 août 1988

Ce matin, à mon réveil, il pleuvait encore. Pas question de retourner me baigner. J'ai avalé deux tasses de café et un bol de céréales et me suis remis en route sans tarder.

Peu après mon départ, je suis passé à un cheveu d'un accident. Il m'arrive assez souvent de jeter un coup d'œil vers le radiotéléphone fixé sur la console entre les deux sièges. Le combiné est muni d'un voyant jaune qui s'allume lorsque je suis dans une zone desservie par le téléphone cellulaire, mais qui est resté éteint depuis que j'ai franchi la frontière des États-Unis, alors que je m'imaginais que le radiotéléphone serait beaucoup plus souvent utilisable ici qu'au Canada.

Je suivais une moto sur une route plutôt tortueuse. Je me suis tout à coup demandé si, en cas de chute du motocycliste, je pourrais téléphoner pour obtenir de l'aide. Le voyant jaune était éteint mais, juste au moment où je m'en assurais, mon motocycliste a ralenti pour prendre un petit chemin à gauche. J'ai freiné à fond sur la chaussée mouillée et la Mustang, poussée par la caravane, s'est arrêtée à quelques centimètres seulement de sa roue arrière.

Le cœur battant, j'ai repris ma route en me jurant de ne plus m'occuper du voyant jaune. Je m'y laisse encore prendre de temps à autre. Mais je promets de toujours regarder devant moi quand je suivrai une moto.

Lorsque j'ai atteint la côte du Maine, il pleuvait toujours. Un journal acheté d'une boîte distributrice m'a appris que la météo annonçait pour aujourd'hui et quelques jours encore du temps couvert et des averses dispersées au sud, de la pluie au nord. Cela m'a convaincu de continuer vers le sud, plutôt que vers le parc national Acadia, qu'on m'a pourtant dit être un endroit à ne pas manquer. Hier, j'avais déjà un peu arrondi les coins de mon tour des États-Unis. Un peu plus, un peu moins…

J'ai fait de petits crochets par Kennebunkport et Ogunquit, que j'ai trouvés sans intérêt mais qui, je le reconnais volontiers, pourraient se révéler jolis centres de villégiature sous un rayon de soleil.

Comme si je n'étais pas assez déprimé, la circulation le long de la route 1, qui longe toute la côte est, du Maine à la Floride, était désespérément lente et encore ralentie par les feux de circulation et les limites de vitesse des innombrables villes et villages qu'elle traverse.

Dans un restaurant de Portsmouth, en mâchonnant des pétoncles au gratin fort coriaces, j'ai consulté une fois de plus mon atlas.

Plus au sud, j'avais projeté de suivre la côte du Massachusetts et de passer une nuit ou deux au cap Cod. Je devais ensuite longer la côte du Rhode Island et du Connecticut, avant de passer quelques nuits dans un camping près de New York, une des rares grandes villes que j'aie envie de visiter.

Mais rien n'est plus triste que la côte atlantique sous une averse, le long d'une route d'où on ne peut même pas voir l'océan. Avant de sortir du restaurant, j'ai donc inscrit sur un nouveau petit papier jaune, histoire de m'aider à les apprendre par cœur, les numéros des autoroutes 95, 495, 90 et 84, qui m'ont permis de traverser rapidement et obliquement le New Hampshire, le Massachusetts et le Connecticut, en évitant le Rhode Island.

Mon périple autour des États-Unis devait me faire traverser trente-deux États. L'abandon du Rhode Island abaisse ce total à trente et un, ce qui n'est pas bien grave. Un de plus, un de moins…

Je passe la nuit dans le parc de Kettletown, au Connecticut, que j'ai choisi à cause de sa proximité de l'autoroute. Chaque fois que je tends l'oreille et même lorsque je m'efforce de faire le sourd, j'entends la pluie rebondir allègrement sur le toit de la caravane.

Chincoteague
(Virginie)

Le 30 août 1988

En ce troisième jour de mes vacances perpétuelles, j'ai
décidé de contourner New York : comme les côtes, les villes
sont ennuyeuses sous la pluie. Je me suis bientôt retrouvé au
New Jersey, où la pluie a enfin cessé, ce qui ne m'a pas
empêché de rouler, encore pratiquement sans arrêt, jusqu'au
cap May, à l'extrémité sud de cet État, d'où j'ai pris le traversier
pour le Delaware. Cela m'a donné l'occasion de me reposer
au milieu de banals touristes devant lesquels j'ai éprouvé le
légitime sentiment de supériorité de celui qui fait le tour de
l'Amérique vis-à-vis de vacanciers revenant de deux semaines
banales au cap Cod ou à New York, comme en témoignaient
les t-shirts qu'ils arboraient sur des estomacs généralement
rebondis.

J'ai profité de la traversée pour consulter encore mon
atlas routier, que j'ai ensuite étalé sur le siège du passager, en
le laissant ouvert à la page du Delaware et du Maryland, les
États suivants.

Descendu du traversier, j'ai roulé deux heures encore
avant d'atteindre la Virginie. J'avais prévu de passer — dans
une semaine — six ou sept jours près du « rivage national
d'Assateague ». Le camping y est interdit, mais mon volumi-
neux guide des campings des États-Unis mentionne plusieurs
terrains privés dans le village tout proche, nommé
Chincoteague.

Je me suis donc installé tout à l'heure dans le *Maddox
Family Campground*, sur un emplacement pleinement équipé

— prise de courant, robinet, bouche d'égout — mais particulièrement exigu.

Heureusement, la haute saison est terminée et le camping est aux trois quarts désert. Malheureusement, la porte des toilettes claque bruyamment chaque fois que quelqu'un y entre ou en sort. Deux nuits me suffiront amplement.

Le 7 septembre 1988

Il y a huit jours que je suis au *Maddox Family Campground*. On s'habitue à tout — même aux claquements de porte nocturnes.

J'ai constaté deux choses en consultant mes cartes. D'abord, pendant mes trois premiers jours de route, j'ai parcouru près du dixième de l'itinéraire que je m'étais fixé pour les six mois à venir. À ce rythme-là, je serai de retour à Montréal dès octobre et non en mars, alors que je ne suis pas censé voyager plus d'un jour ou deux par semaine. Ensuite, l'argent a disparu beaucoup plus rapidement que prévu, puisque j'ai brûlé beaucoup plus d'essence que prévu. La solution simple à ce double problème : prolonger mon séjour à Chincoteague, ce qui est très agréable maintenant que la pluie a cessé.

La plage d'Assateague est belle, même si l'eau de l'Atlantique est tellement froide que je me sens amplement rafraîchi dès que j'y entre jusqu'aux chevilles.

Tous les matins ou presque, je vais courir quelques kilomètres sur la piste cyclable qui traverse l'île, j'admire les poneys sauvages qui ont rendu l'endroit célèbre, je rencontre des chevreuils peu farouches et qui, ici, méritent parfaitement leur véritable nom de cerfs de Virginie. De loin, j'aperçois des cygnes blancs comme je croyais qu'il n'en existait que sur les emballages de papier hygiénique, et je me promets tous les matins de revenir en voiture avec les jumelles que j'ai rangées dans la caravane.

L'après-midi, quand je reviens en voiture à la plage, j'oublie encore les jumelles.

Le soir, après avoir dîné et lavé la vaisselle, je m'installe dans la caravane et je lis en écoutant la radio, à l'abri des moustiques.

À quelques reprises, je me suis assis devant un des deux ordinateurs que j'ai emportés — un petit, portatif, pour travailler dehors ou dans les campings dépourvus d'électricité, et un autre, plus gros et plus puissant, ne fonctionnant que sur le secteur mais me permettant plus aisément de corriger mes textes.

J'ai déjà écrit quatre romans. Pas trop mauvais, s'il faut en croire les critiques. Invendables, s'il faut plutôt faire confiance aux rapports de vente de mes éditeurs. Depuis plusieurs années, je me promettais de prendre ma retraite en tant que rédacteur publicitaire et de ne rien faire d'autre qu'écrire des romans. Excellents, ceux-là, puisque je pourrais désormais m'y consacrer pleinement. Mais, pendant ces jours tranquilles à Chincoteague, je constate que je suis incapable d'écrire une ligne de roman maintenant que j'ai tout mon temps, tandis qu'auparavant j'arrivais souvent à pondre plusieurs pages après une journée entière consacrée à mes textes de nature alimentaire.

Chaque fois que je m'installe sur la plage avec l'ordinateur portatif ou dans la caravane devant le Macintosh, je n'arrive qu'à écrire des notes de voyage d'une désolante banalité.

Je ne m'en fais pas trop : à quarante-sept ans, j'ai au moins vingt-cinq ans devant moi pour écrire des piles de romans. Je peux me permettre deux semaines — ou même deux mois — sans rien faire d'autre qu'apprivoiser ma nouvelle vie de demi-retraité.

À ma plus grande surprise, je m'aperçois aussi que les journées sont trop courtes pour que je fasse tout ce que je m'étais promis : observation d'oiseaux, initiation à la mycologie, lecture de Proust, étude de la carte du ciel, apprentissage de l'espagnol et tout ce qui devait m'éviter de m'ennuyer.

Le petit déjeuner, la lecture du journal, une heure de jogging, de l'ordre à mettre dans la caravane ou dans la voiture, un peu de linge à laver, le déjeuner à préparer puis à manger, une courte sieste, quelques pages d'*À la recherche du temps perdu*, une visite à la plage, un saut à l'épicerie, le souper et la vaisselle... et déjà la journée s'est envolée, sans que j'aie eu le temps de rien faire. J'en suis à la fois ravi et déçu. Ravi de voir que je ne m'ennuie pas comme je le redoutais. Déçu de voir que, même à la retraite, j'ai du mal à trouver le temps de vivre intensément.

Le 8 septembre 1988

Journée splendide. Cet après-midi, j'ai enfin pensé à emporter à la plage mes jumelles, une chaise pliante et mon guide d'observation des oiseaux d'Amérique du Nord.

Il ne m'a fallu qu'un coup d'œil dans le guide pour identifier la famille d'oiseaux la plus répandue : les bécasseaux. Mais il y a trois pleines pages de bécasseaux — une vingtaine d'espèces en tout. J'ai étudié soigneusement la description de chacune et j'en suis finalement arrivé à la conclusion que les bécasseaux les plus nombreux sur cette plage sont des bécasseaux semi-palmés, pour la simple raison qu'il s'agit, d'après le texte, de l'espèce la plus commune dans cette région.

Le 10 septembre 1988

Voilà plus de deux heures que je suis assis devant mon ordinateur. Il pleut. Pas de jogging possible, pas de plage, pas de courses — rien d'autre à faire qu'écrire.

Cependant, je n'arrive pas à commencer le roman que je m'étais promis d'entreprendre : l'histoire d'un voyageur qui, pendant qu'il se baigne tout nu sur une plage de Floride, se fait voler toutes ses affaires — bagages, véhicule, cartes de crédit, etc. Pourtant, cela m'aiderait à chasser cette crainte qui me hante et qui m'a inspiré ce sujet qui ne m'inspire pas.

En fait, je n'ai rien écrit, depuis une douzaine de jours que je suis en route, que ces maigres notes. Je commence à me demander si je ne devrais pas entreprendre un véritable journal de voyage. Le problème, c'est qu'il ne m'arrive rien ! Mais cela ne devrait pas m'arrêter, car les sujets sérieux ne manquent pas : observation par un Québécois de la société américaine et de la nature, omniprésente dans les parcs nationaux que je fréquente ; et peut-être surtout description d'états d'âme et de faits et gestes insignifiants qui peuvent, avec un effort de réflexion et d'écriture, devenir aussi passionnants que les récits des grands mémorialistes.

Cela implique que ces notes de voyage que je n'écris que pour moi deviennent un journal intime — donc, paradoxalement, écrit pour les autres. Tant que j'écris pour moi seul, je ne dis de moi que ce que je crains d'oublier. Tandis que si je veux écrire un journal que d'autres pourront lire avec plaisir, il faut que je parle de moi.

À condition qu'il m'arrive quelque chose.

Quoique, maintenant que j'y pense, j'ai été avant-hier sur la plage la victime d'un incident dont j'étais le seul et unique responsable.

J'avais emporté mon portefeuille et une serviette. Pour aller me baigner en toute tranquillité, j'ai enterré le portefeuille dans le sable et laissé ma serviette par-dessus pour marquer l'emplacement. En sortant de l'océan, j'ai repris la serviette et fait une centaine de pas avant de me rendre compte que j'avais oublié le portefeuille.

Malheur: j'avais laissé des traces de pas en beaucoup d'endroits. Je n'avais pas le choix: creuser partout où il me semblait possible que j'eusse caché ce damné portefeuille. Les rares promeneurs devaient se demander ce que je cherchais ainsi: des œufs de tortue, peut-être? Plusieurs se sont arrêtés pour me regarder faire. Voyant que je ne trouvais rien, ils sont repartis sans m'offrir leur aide.

Après plus d'une heure de fouilles quasi archéologiques, j'ai enfin senti un objet de cuir sous mes doigts.

Maintenant, j'emporte toujours une carte de crédit dans la pochette intérieure de mon maillot. Et je cache mon portefeuille dans le coffre de la voiture.

Le 11 septembre 1988

Il y a parfois un long moment de délicieuse attente quand on fait de la course à pied sur une plage. D'abord, on aperçoit au loin une silhouette. Pendant quelques minutes, cela pourrait être n'importe quoi — une souche autant qu'une jolie fille. Ensuite, on constate que c'est quelqu'un qui marche ou qui court — la silhouette oscille en un mouvement régulier. Mais on ne sait pas encore si cette personne vient vers soi ou si elle s'éloigne. Et même lorsqu'on sait cela, on ne peut déterminer s'il s'agit d'un homme ou d'une femme. Parfois, cela se devine d'assez loin, par la démarche ou par l'épaisseur des hanches. Mais il arrive souvent qu'il faille n'être plus qu'à une cinquantaine de mètres pour en être sûr. Et lorsque c'est une femme, on ne sait pas encore si elle est jeune ou vieille, remarquablement belle ou banalement dépourvue d'attraits. Cela, on ne le sait qu'à vingt mètres, pas plus. Le temps de marmonner «Good morning», on s'est déjà quittés. Et on ne se reverra jamais, à moins qu'un hasard improbable fasse qu'on soit là encore demain, tous les deux, à courir à la même heure, au même endroit et dans la même direction.

Cap Hatteras
(Caroline du Nord)

Le 12 septembre 1988

Nouveau problème, au moment de lever le camp, ce matin.

Après avoir attelé la caravane à la voiture, je me suis arrêté aux toilettes pour prendre une douche.

Je me suis remis au volant. Sur l'autoroute, à quelques reprises, j'ai entendu un bruit inhabituel provenant de l'arrière. Je n'y ai pas fait trop attention. Il y a dans le coffre de la Mustang des tas de choses susceptibles de faire du bruit au moindre cahot.

Arrêté un peu plus loin pour faire le plein, j'en ai profité pour examiner l'attelage de la caravane. Horreur ! L'espèce de mâchoire fixée au timon et qui doit se refermer sur la boule à l'arrière de la voiture n'était pas fermée comme elle aurait dû l'être. La caravane aurait pu se détacher à la moindre secousse. Elle aurait encore été retenue à la voiture par les deux chaînes de sécurité. Mais j'ai lu dans des magazines spécialisés des histoires terrifiantes au sujet de caravanes ainsi détachées et faisant capoter les véhicules qui les remorquaient ou les entraînant avec elles au fond d'un ravin.

Pourtant, j'aurais juré que j'avais bien refermé la mâchoire de l'attelage avant d'aller à la douche. J'ai, comme le recommandent les spécialistes, accompli sans interruption, de façon à éviter toute distraction, la série d'opérations qui permettent d'accrocher la caravane. La seule explication possible : quelqu'un l'a détachée pendant que je prenais ma douche. Qui ? Il y a eu pendant le week-end plusieurs adolescents dans ce camping. Il suffit qu'un seul d'entre eux ait songé à me faire une bonne blague.

À moins que j'aie été distrait. Je m'efforce de me rassurer en me disant qu'il n'est pas totalement impossible qu'un oiseau ait attiré mon attention à l'instant même où j'accrochais la caravane et que j'aie par la suite oublié de terminer la dernière manœuvre.

Malgré cet incident, je suis arrivé sans encombre, vers six heures, à Oregon Inlet, premier camping du « rivage national du cap Hatteras » — longue bande de terre s'étendant dans l'Atlantique au large de la Caroline du Nord. Je me suis installé près des dunes dans un terrain asphalté et sans l'ombre d'un arbre.

Le paysage m'a semblé déprimant de prime abord. Mais dès que je suis monté au sommet de la dune, derrière la caravane, pour regarder le soleil se coucher, j'ai été rassuré : l'Atlantique est là, à quelques centaines de mètres, au bout d'une grande plage.

Près des vagues, des voitures à quatre roues motrices étaient garées de loin en loin. Dès que le soleil a disparu à l'horizon, leurs phares se sont allumés et leurs faisceaux se sont éloignés.

Mes ennuis de ce matin m'ont inspiré un autre sujet de roman. Un homme part vers le sud avec une caravane. Au départ, quelqu'un lui a dégonflé ses pneus. Un peu plus loin, on lui détache sa caravane pendant qu'il est aux toilettes. Ensuite, il éprouve d'autres ennuis encore : ses freins sont sabotés, sa direction desserrée (est-ce qu'une direction se desserre ?)… Bref, il finit par se rendre compte que quelqu'un le suit et cherche à le tuer. Je me demande ce qu'un Stephen King pourrait tirer d'un sujet comme celui-là. Mais je serais bien en peine de répondre, car je ne l'ai jamais lu. Je n'ai pas de goût pour les *thrillers* — pas plus pour les lire que pour les écrire. Il vaut mieux poursuivre l'écriture de ma première histoire de voyageur.

Poursuivre ? Il faudrait d'abord que je commence.

Le 14 septembre 1988

Hier, il a plu toute la soirée et une bonne partie de la nuit, avec un vent qui faisait ployer les tentes de mes rares voisins. Ce matin, la radio m'a appris qu'il risque de pleuvoir sur tous les «outer banks» (c'est le nom qu'on donne à l'étroite bande de terre qui protège la côte), mais qu'il fera beau sur le continent — en particulier au nord, tandis que le Sud souffrira d'un temps plutôt maussade.

Effectivement, une belle éclaircie dans les nuages au nord-ouest témoigne du beau temps sur la côte. Je suis tenté, un instant seulement, de repartir vers le nord à la recherche du soleil. Mais ce n'est pas en remontant vers Montréal que je ferai le tour des États-Unis. Une seule direction s'ouvre à moi désormais, en dépit des intempéries : le sud.

Je resterai ici la semaine entière, comme je me le suis promis, malgré les douches froides qui deviennent glaciales lorsque le vent se glisse sous la porte des cabines.

Mes journées au cap Hatteras sont un peu vides, souvent gâchées par un temps gris et détrempé. Je m'ennuie parfois, mais sans doute est-ce simplement la difficulté de m'ajuster à ma vie de retraité doublé d'un écrivain à temps plein qui n'écrit rien.

Presque tous les jours, je m'assieds pourtant devant mon petit ordinateur installé en permanence dans un coin de la caravane. Mais je n'écris pas un mot. Ce qui ne m'empêche pas de tirer une certaine satisfaction de deux faits que je juge prometteurs : j'ai installé l'ordinateur et je prends la peine de m'asseoir devant lui. L'inspiration ne saurait tarder devant tant d'assiduité.

J'allais oublier : j'ai fait la connaissance de deux couples de Français. Ils voyagent en camping-cars (c'est le nom que les Français, pas toujours dépourvus de logique et de clarté, donnent aux caravanes motorisées qui ne sont rien d'autre que des cars de camping). Ces deux couples se sont connus en France, par l'entremise d'un club de propriétaires de camping-cars.

L'une des femmes m'a raconté leur histoire. Tout semblait parfait avant qu'ils quittent leur pays : tous les quatre avaient à peu près le même âge (la cinquantaine avancée), et projetaient de prendre un an pour faire le tour des États-Unis.

Ils voyagent maintenant ensemble depuis six mois, et se détestent depuis cinq. Un couple aime les terrains de camping tout confort, l'autre ne jure que par les parcs nationaux ; un couple aime rester longtemps au même endroit, l'autre préfère déménager tous les jours ; un couple veut voir les villes, l'autre n'aime que la campagne... C'est un cas d'incompatibilité absolue.

Cela se complique par le fait qu'un des couples parle anglais et l'autre pas. Ils sont ainsi forcés de voyager ensemble, sans être capables de se supporter les uns les autres. En fait, ils ne se parlent plus que par la radio dont leurs véhicules sont équipés.

— Vous parlez anglais ? m'a demandé la femme qui me racontait leurs malheurs.

—Oui.

—Allez-vous vers le nord ?

—Non, au sud.

Elle a hoché la tête, tristement. Je crois que si j'avais continué vers le nord, elle m'aurait volontiers refilé la tâche d'accompagner ses « amis » unilingues.

Depuis quelques jours, je me sentais un peu seul. Ce soir, je suis heureux de l'être, comme chaque fois que j'ai quitté un groupe, quel qu'il fût — conseil d'administration de l'Union des Écrivains, comité du concours du Publicité-Club, ou couple formé avec une femme qui avait cru pendant quelques semaines que partager ma vie serait un gage de bonheur éternel.

Le 18 septembre 1988

S'il y a une chose que je croyais avoir planifiée de façon impeccable, c'est bien mes communications téléphoniques.

Pour commencer, j'ai une carte d'appel. De n'importe quel téléphone public, au Canada ou aux États-Unis, je peux appeler où je veux, sans devoir faire virer les frais et sans utiliser de monnaie. En fait, je n'ai même pas à garder ma carte sur moi. Je n'ai qu'à composer le numéro que je désire, puis mon numéro de carte — qui est tout simplement mon numéro de téléphone, précédé de l'indicatif régional et suivi d'un code de quatre chiffres, que j'ai appris par cœur. Et j'ai pris avant de partir la précaution d'envoyer à la compagnie de téléphone une série de chèques pour régler mes frais mensuels.

J'ai aussi équipé ma voiture d'un radiotéléphone, pour des motifs purement professionnels.

Les deux émissions de radio que je rédigeais avaient pris fin au début de l'été, ce qui avait un tant soit peu accéléré mon projet de retraite. Mais, trois semaines avant mon départ, Larry Sirois (propriétaire de la maison de production) m'a parlé de la possibilité d'une nouvelle émission, portant sur l'activité physique. Le commanditaire — un grand fabricant d'articles de sport — n'avait pas encore donné son approbation définitive, et cela ne justifiait pas que j'annule mon voyage (ce que je n'avais aucune envie de faire, de toute façon). J'ai donc commencé par refuser, mais Larry a insisté pour que je fasse ces travaux à distance. Il est vrai qu'avec un ordinateur je peux travailler aussi aisément en Floride qu'à Montréal. Avec un radiotéléphone et un télécopieur, il serait aussi facile et plus rapide d'envoyer mes textes au studio que si j'étais chez moi, rue Rachel.

Le représentant du fabricant de mon radiotéléphone m'a vanté avec le plus bel optimisme (et la plus totale ignorance) la facilité avec laquelle on pourrait me joindre avec cet appareil où que je fusse aux États-Unis. Une étude approfondie de la documentation m'a fait déchanter avant même d'être parti. On y expliquait que, pour me joindre lorsque je sortirais de la région de Montréal, il faudrait connaître deux choses : d'abord, la région dans laquelle je me trouverais au moment de l'appel, et ensuite le numéro du code d'accès permettant de me joindre en cet endroit. La compagnie de radiotéléphone m'a remis une liste de ces codes, et j'ai à mon tour dressé une liste des endroits où je compte aller, avec les dates où je devrais y être et les codes d'accès nécessaires pour m'y joindre.

Pour simplifier les choses, j'ai décidé de passer une semaine à chaque étape de mon voyage, ce qui est aussi un bon moyen de m'assurer que je ne voyagerai ni trop vite ni trop lentement. Et je me déplace tous les lundis — les mardis aussi dans le cas des étapes les plus longues.

Ironie du sort : depuis mon départ, tous les campings dans lesquels j'ai séjourné sont hors des zones desservies par le téléphone cellulaire. J'ai beau suivre fidèlement mon itinéraire (je suis passé très vite en Nouvelle-Angleterre, mais j'ai compensé par une semaine supplémentaire à Chincoteague), personne ne peut me téléphoner !

Heureusement, j'ai aussi pris soin de m'abonner à ce que la compagnie de radiotéléphone appelle son « centre de messages » : si je ne réponds pas, on n'a qu'à laisser un message enregistré dans ma « boîte aux lettres » personnelle. Ainsi, je peux, de n'importe quelle cabine téléphonique, écouter mes messages.

À Chincoteague, le premier dimanche (je profite des tarifs dominicaux), j'ai fait comme promis : de la cabine téléphonique du camping, j'ai essayé d'écouter les messages qu'on pouvait m'avoir laissés, en suivant à la lettre les instructions écrites.

J'ai commencé par composer le numéro du centre de messages, précédé de l'indicatif régional de Montréal, puis j'ai fait mon numéro de carte d'appel.

J'ai alors entendu « Thank you for using AT&T ». Il y a eu une brève pause. J'ai appuyé sur le dièse suivi de mon numéro de radiotéléphone. J'ai fait mon «numéro de passe» — 1941, inoubliable année de ma naissance —, destiné à mettre mes messages à l'abri des oreilles indiscrètes. Une voix enregistrée m'a dit, en français cette fois: «Merci d'avoir appelé Bell Canada.» Et la communication a été coupée.

J'en ai déduit qu'on ne m'avait laissé aucun message. Cela m'a vexé un peu, que personne ne se soit préoccupé de moi. Mais cela m'a rassuré, aussi. «Pas de nouvelles, bonnes nouvelles», me suis-je dit avec philosophie.

Le second dimanche à Chincoteague, même scénario. Pas de message. Même conclusion.

Ce matin, dimanche encore, je me suis rendu à la cabine téléphonique du port de plaisance, tout proche. J'ai procédé de la même manière que les deux premières fois, avec les mêmes résultats.

Toujours pas de message. En revenant à la caravane, j'ai été pris d'un doute. Comment se pouvait-il qu'en trois semaines, avec deux numéros de téléphone (en plus du radiotéléphone, j'ai gardé mon téléphone à l'appartement, avec transfert automatique des appels), je n'aie pas eu un seul message? Même pas de quelqu'un qui, croyant s'adresser à la pizzeria locale ou au dépanneur du coin, aurait commandé une pizza aux anchois ou une caisse de bière qu'il attendrait encore?

Peut-être avais-je mal compris la marche à suivre pour prendre connaissance de mes messages? J'ai consulté la volumineuse documentation que j'avais à ma disposition, qui m'a confirmé que je m'y prenais bien.

J'ai alors eu une idée brillante (quoique je l'aurais eue bien plus tôt si j'avais été vraiment brillant): je n'avais qu'à me laisser un message, puis à le récupérer.

Sitôt dit, sitôt fait: je suis retourné à la cabine téléphonique, j'ai composé mon numéro de radiotéléphone. Ma propre voix enregistrée m'a demandé de laisser un message. Au son du timbre, j'ai dit simplement: «C'est moi, le 18 septembre.» Et j'ai raccroché.

J'ai alors fait comme lors de mes appels précédents au centre de messages. Mais je n'ai eu d'autre réponse que les sempiternels «Thank you for using AT&T» et «Merci d'avoir appelé Bell Canada».

Impossible de récupérer mon propre message! Je suis retourné à la caravane, j'ai parcouru une fois de plus toute la documentation sans trouver de solution à mon problème. Mais j'ai noté cette fois le numéro de l'aide aux abonnés du radiotéléphone.

De retour à la cabine, j'ai parlé à un préposé qui m'a expliqué qu'il est impossible d'écouter ses messages par l'interurbain, à partir d'une cabine téléphonique. Il y a, si j'ai bien compris, une pause trop longue, pendant laquelle le système se décroche.

Que faire alors pour prendre mes messages hors des zones cellulaires? Il suffit de demander l'aide aux abonnés comme je viens de le faire, et on me mettra en communication avec ma boîte aux lettres. Ce que le préposé a fait immédiatement.

Une voix féminine m'a demandé de faire mon numéro de passe. J'ai obéi. Une autre voix de femme m'a dit alors, sur le ton monocorde et saccadé des enregistrements dans lesquels des chiffres et des dates sont insérés automatiquement:

«Vous avez eu *un* message, le *9 septembre*. Il a été effacé. Si vous désirez effacer cet avis, appuyez sur le 1...»

J'ai appuyé sur le 1.

«Vous avez *un* nouveau message», reprit alors la voix en insistant triomphalement sur le un, comme si j'avais battu le record mondial de réception de messages. «Pour écouter ce message, appuyez sur le 1.» J'ai appuyé sur le 1. J'ai enfin entendu ma voix: «C'est moi, le 18 septembre.»

«Pour réécouter ce message, a continué la voix, appuyez sur le 1. Pour l'effacer, appuyez sur le 7.»

J'ai fait le 7.

« Au revoir », a fait la voix sur un ton chaleureux. Mais cela ne m'a pas du tout consolé. J'ai perdu un message. Comment est-ce possible ? J'ai refait le numéro du service aux abonnés. On m'a expliqué que les messages ne sont conservés que pendant une semaine.

Il me faudra donc dorénavant récupérer mes messages fidèlement le même jour de la semaine, à la même heure, sinon je risque d'en perdre d'autres. J'ai résolu de toujours téléphoner le dimanche matin, à dix heures précises, heure de Montréal.

J'ai passé la journée à me demander qui avait pu me téléphoner. Larry Sirois, peut-être ? Ou Judith ? Ou Laurette ?

Était-ce un appel urgent ou important ? Ou quelqu'un qui ne voulait que me dire bonjour ? Ou une vulgaire sollicitation téléphonique me proposant de m'abonner à un journal ? Si cela avait été un appel important, on aurait sûrement tenté de me joindre à plusieurs reprises. Quoique cela ne prouve rien. Ne m'est-il pas déjà arrivé, après avoir laissé un message urgent sur un répondeur téléphonique, d'être tenté de rappeler plusieurs fois, mais de juger cela idiot ? Si la personne ne me rappelait pas, c'est qu'elle n'avait pas encore pu prendre connaissance de mon message, ou qu'elle ne voulait pas me rappeler.

J'ai pourtant fini par me convaincre que c'était simplement quelqu'un qui voulait me laisser un message sans importance.

Demain matin, je téléphonerai quand même au bureau de Larry Sirois pour lui demander s'il n'aurait pas, par hasard, essayé de me joindre.

Edisto
(Caroline du Sud)

Le 21 septembre 1988

Je crois avoir trouvé un bon titre pour ce récit de voyage, si jamais j'en tire quelque chose de publiable : *Le Voyageur à six roues.*

Cela me semble d'autant plus approprié que les pneus de la voiture et de la caravane sont les seuls et uniques problèmes de ce voyage qui autrement serait sans histoire. Hier matin, ils ont remis ça.

Comme le prévoyait mon calendrier d'étapes hebdomadaires, je me préparais à quitter le cap Hatteras.

Lorsque j'ai reculé la voiture pour atteler la caravane, j'ai constaté qu'elle roulait bizarrement : deux pneus étaient plats.

Des voyous m'auraient-ils encore joué un mauvais tour ? Au moins, les pneus n'étaient pas abîmés et je les ai regonflés.

Le seul autre événement remarquable de cette journée de voyage froide et pluvieuse, je l'ai vécu lorsque je me suis trouvé soudain face à un *marine* en uniforme de camouflage, debout devant une guérite sur le bord de la route, à côté d'un panneau m'annonçant que j'entrais dans le camp LeJeune de l'infanterie de marine américaine. Croyant m'être égaré, j'ai baissé la glace et m'apprêtais à expliquer comment j'étais arrivé là. Mais la sentinelle a coupé court à mes explications et m'a tendu un bout de papier qu'elle m'a ordonné de remettre à l'autre bout du camp, quand j'en sortirais.

Il s'agissait d'un laissez-passer d'une heure.

Je suis reparti vers le sud, et j'ai trouvé amusant de lire le long de la route les panneaux mettant les automobilistes en garde tantôt contre les traversées de chevreuils, tantôt contre celles de tanks. J'ai rêvé de voir les deux à la fois : un char d'assaut poursuivant un chevreuil ou, mieux encore, un chevreuil à la poursuite d'un tank. Mais je n'ai vu ni tank ni cerf de Virginie.

Je suis arrivé au parc d'État d'Edisto après une longue journée de route.

À l'entrée, une grosse jeune femme noire a consenti à m'inscrire, sans interrompre un instant une conversation téléphonique fort animée qu'elle avait avec une personne nommée Bubba.

Elle m'a envoyé dans un emplacement en plein soleil, qu'elle affirmait être le seul libre, et où des millions de moustiques se sont précipités sur moi comme si j'avais été la seule source de sang frais à mille kilomètres à la ronde.

Il y avait pourtant plusieurs emplacements ombragés, apparemment déserts. Je suis retourné voir la jeune femme à l'entrée du parc, qui a enfin consenti à suspendre sa conversation avec Bubba pour m'expliquer que ces emplacements avaient été détrempés par les pluies récentes mais que, si j'y tenais absolument, je pouvais y déménager.

J'ai dit que j'y tenais absolument.

Le 22 septembre 1988

La plage est très agréable. Je passe mes journées à lire sous les cocotiers. En fait, c'est la première fois que je me trouve, en camping, tout près d'une plage où je peux m'asseoir à l'ombre des arbres.

Souvent, j'aperçois au loin des dauphins qui pêchent en groupes ou des crevettiers qui pêchent en solitaires. Je me suis essayé à la pêche à la ligne, mais sans succès, et j'ai eu honte, après une heure d'efforts, de n'avoir rien pris tandis que les autres pêcheurs attrapaient un poisson toutes les cinq minutes.

Comme j'ai l'électricité, ici, j'ai transféré dans le Macintosh les notes que j'ai écrites ces derniers jours avec l'ordinateur portatif. J'ai aussi écrit une page (pas entière, mais plus qu'à moitié pleine) de l'histoire de mon voyageur qui se retrouve tout nu sur une plage de Floride, après s'être fait tout voler. Le fait que la plage avec ses cocotiers ressemble beaucoup à celle que j'imaginais m'a inspiré pendant quelques minutes. Puis, paresse aidant, j'ai décidé qu'il valait mieux attendre d'être vraiment en Floride pour écrire la suite. Ce souci d'authenticité me surprend et m'honore.

J'ai même résisté à la tentation de situer mon histoire en Caroline du Sud, État qui n'a rien de mythique. Un voyageur en détresse sur une plage de Caroline du Sud est ridicule. Sur une plage de Floride, il est un symbole. Je ne sais pas de quoi, mais un symbole quand même.

Peut-être suis-je simplement à la recherche d'excuses tordues pour passer mes journées sur la plage, à ne rien faire.

Le 24 septembre 1988

La plage d'Edisto est bien jolie, mais elle est trop pentue et son sable est trop mou pour que j'y fasse mon jogging. Je suis allé courir ce matin sur le chemin goudronné, d'un bout à l'autre du camping. Une voiture m'a doublé en roulant lentement. J'ai remarqué que le conducteur se masturbait en gardant un magazine ouvert sur le volant. Il m'a semblé qu'il s'agissait d'un magazine contenant des photos d'hommes plutôt que de femmes. Un peu plus loin, la voiture s'est garée dans un élargissement de la route et le conducteur m'a regardé fixement. Quelques minutes plus tard encore, le même homme m'a croisé, toujours en voiture, et m'a fait des mouvements de langue sans équivoque.

Le 25 septembre 1988

Ce matin, à huit heures, malgré la pluie, je suis allé au téléphone public prendre mes messages.

Surprise ! La voix enregistrée et informatisée m'a dit, sur un ton qui m'a semblé plus allègre que de coutume : « Vous avez *un* nouveau message. Pour écouter ce message, appuyez sur le 1. » J'ai fait le 1.

« Allô ? C'est moi, a dit la voix de Judith Archambault (peut-être un peu, beaucoup éméchée). J'espère que ton voyage va comme tu veux. Moi, je viens d'apprendre que je suis enceinte. Mais tout est sous contrôle. Ne t'inquiète surtout de rien. Je t'embrasse. »

La voix numérisée est revenue : « Pour réécouter ce message, appuyez sur le 1. Pour l'effacer, appuyez sur le 7. »

J'ai fait le 1 et écouté le message encore plus attentivement que la première fois. Lorsque la voix enregistrée est revenue, j'ai appuyé sur le 7.

« Au revoir ! »

Aussitôt, j'ai regretté mon geste. Il n'aurait pas été superflu d'écouter Judith une fois de plus.

Elle n'a pas dit si c'est de moi qu'elle est enceinte. Peut-il en être autrement ? Je suis, en tout cas, convaincu — mais cela relève peut-être de la vanité masculine — qu'elle ne voyait que moi jusqu'à mon départ, et je ne suis pas parti depuis assez longtemps pour qu'elle tombe enceinte d'un autre. Du moins, même à moi qui ne connais rien à ces choses, il me semble que trois semaines c'est un peu juste pour concevoir un enfant et apprendre qu'on est enceinte. Et que voulait-elle dire par «tout est sous contrôle»? Qu'elle se fera avorter, sans doute. À moins que cela ne signifie au contraire qu'elle gardera son enfant?

J'ai téléphoné chez Judith. Je suis tombé sur son répondeur.

—Judith, c'est moi. J'ai eu ton message. J'aimerais te parler. Pourrais-tu essayer d'être là, ce soir, à huit heures juste? Je t'embrasse.

J'ai raccroché.

Cet après-midi, je reste à l'abri, dans la caravane, devant le clavier du Macintosh, à qui j'ai envie de raconter mes aventures avec Judith Archambault. C'est une longue histoire — qui m'aidera à meubler cette journée d'attente...

Pendant quelques années, j'ai rédigé pour le studio de Larry Sirois — Les Productions Entre Deux Oreilles — des émissions radiophoniques quotidiennes de trois minutes, dont le contenu était prétendument d'intérêt public, bien que le commanditaire de ces émissions espérât fortement que le public se souviendrait surtout de son nom et de son intérêt pour l'intérêt public. La première était commanditée par une grande banque et proposait des conseils sur les sujets les plus divers — depuis les investissements personnels jusqu'aux soins de beauté. La seconde portait le nom d'une importante ligne aérienne et s'efforçait de répondre à toutes les questions qu'on peut se poser sur les voyages — où aller, comment éviter de souffrir du décalage horaire, quels vaccins recevoir, et plusieurs questions qu'aucun voyageur ne s'était jamais posées.

Je recevais, chaque semaine, des interviews enregistrées qu'on me faisait parvenir par messager. Et j'envoyais toutes les semaines, par le même moyen, mes textes — essentiellement les liens entre les extraits d'entrevues —, qui étaient par la suite enregistrés par des comédiens.

Au printemps 1986, Judith Archambault avait abandonné son métier d'hôtesse de l'air (ou plutôt d'agent de bord, insistait le commanditaire de l'émission sur les voyages) pour entrer à l'emploi de Larry Sirois. Elle avait trente-cinq ans (ou à peu près) et le vague titre d'assistante de production. Elle fut chargée de recevoir mes textes et d'en envoyer des copies aux clients pour obtenir leur approbation.

Nous avions rarement affaire l'un à l'autre.

Je ne passais pas au studio plus de cinq ou six fois par an. Je ne parlais guère plus souvent à Judith Archambault au téléphone, et jamais plus de quelques secondes. Les rares fois que nos conversations téléphoniques avaient dépassé la demi-minute nécessaire pour que je lui dise que je lui expédiais mes textes et me fasse répondre qu'elle les attendait, nous nous étions trouvés, je suppose, mutuellement désagréables. Il est vrai qu'il s'agissait alors de régler des problèmes — une erreur de chronométrage de ma part, ou un texte refusé par la banque ou la compagnie aérienne pour des raisons incompréhensibles ou insensées.

Un soir, après la réception de Noël des Productions Entre Deux Oreilles, Judith Archambault a pourtant proposé de me reconduire chez moi, car elle savait que je ne possédais pas de voiture (tant que je n'ai pas eu à remorquer une caravane, j'ai préféré circuler en ville à pied, le plus souvent en courant). J'ai accepté parce que je n'étais pas sûr de trouver un taxi à cette heure.

Je l'ai vite regretté. La Toyota de Judith Archambault circulait avec fantaisie le long des rues, pendant que celle-ci me racontait que son père l'avait violée quand elle avait onze ans, qu'elle avait plus tard épousé un drogué qui l'avait forcée à faire le trottoir et une foule d'autres choses horribles qu'elle n'aurait sûrement racontées à personne si elle n'avait pas été complètement saoule.

Heureusement, mon appartement est assez près du centre-ville, au douzième étage d'un immeuble du Plateau Mont-Royal. Nous y sommes arrivés sains et saufs.

—Tu habites loin d'ici ? ai-je demandé à Judith.

—Par là-bas, à Anjou, a-t-elle répondu avec un geste imprécis qui laissait entendre qu'elle ne savait plus tout à fait où elle était.

—Si tu veux, tu peux dormir chez moi.

Je me suis rendu compte que cela ressemblait à une invitation, que je n'avais pas envie de faire vu l'état dans lequel Judith se trouvait.

—Ce serait plus prudent, ai-ajouté prudemment.

Elle a refusé et est repartie. Je suis monté chez moi, je me suis déshabillé, j'ai avalé deux cachets d'aspirine et je me suis endormi aussitôt au lit.

Quelques minutes plus tard, la sonnerie de la porte d'entrée a retenti avec insistance. J'ai enfilé ma robe de chambre et appuyé sur le bouton de l'interphone.

—Tu m'invites toujours? m'a demandé la voix de Judith.

—Oui, oui, ai-je dit en affectant un enthousiasme que je n'éprouvais pas.

Je me suis installé sur le pas de la porte pour l'attendre. Sitôt sortie de l'ascenseur, Judith est partie du mauvais côté.

—Psitt!

—Ah oui: toi! a-t-elle dit en se retournant.

Elle a zigzagué dans le couloir, s'est cognée contre un mur puis contre l'autre. Je me suis avancé pour la guider, de crainte qu'elle ne réveille les voisins.

—Je pense que j'ai trop bu, a-t-elle fait en me tombant dans les bras.

Je l'ai tirée à l'intérieur. Elle était molle comme un chiffon.

—Tu veux dormir dans mon lit ou sur le divan?

—Ton lit.

Je l'ai traînée jusqu'à ma chambre. Il a fallu que je l'aide à se déshabiller — elle portait un chandail à col étroit qu'elle n'arrivait pas à faire passer au-dessus de son abondante chevelure rousse.

Elle est tombée dans mon lit. J'ai eu du mal à enlever les couvertures de sous elle pour la couvrir. Je suis enfin sorti de la chambre, j'ai pris deux autres aspirines et je me suis étendu sur le canapé du salon.

—Où es-tu? a fait la voix plaintive de Judith.

—Ici.

—Viens.

Je suis allé la retrouver. Elle avait rejeté les couvertures à ses pieds.

—Couche-toi là, m'a-t-elle ordonné en tapotant le lit, à côté d'elle.

Je me suis couché là. Et elle s'est rendormie immédiatement. Moi, pas tout de suite.

Le lendemain matin, je lui ai servi au lit le petit déjeuner que mes années d'expérience me recommandent en cas de gueule de bois: jus de tomate, cornichons, œufs brouillés, café.

Elle n'était pas belle à voir, avec ses yeux bouffis et son maquillage qui lui dégoulinait sous les paupières. Mais elle avait quelque chose de touchant, de désarmé et de désarmant. Ce n'était plus la Judith Archambault professionnelle et froide que j'avais connue jusque-là, au téléphone. C'était une femme, fragile et vulnérable.

—Il faut que tu me jures une chose, a-t-elle supplié, d'une voix brisée un peu par l'inquiétude et beaucoup par l'alcool de la veille.

—Demande toujours.

—Tu ne diras rien à personne au sujet de cette nuit.

—Ne crains rien. La tombe, ai-je juré en croisant mon index sur mes lèvres.

Après le déjeuner, elle s'est habillée, m'a rejoint au salon, s'est haussée sur la pointe des pieds et m'a passé les bras autour du cou.

—Tu le jures?

—Quoi?

—Que tu ne diras rien?

—Je le jure.

Elle a marché jusqu'à la porte en chancelant encore un peu. Elle a eu du mal à enlever la chaîne de sûreté. Je l'ai ouverte pour elle.

—Merci, c'était vraiment très bien, a-t-elle dit en guise d'adieu et en me donnant un petit baiser sur le menton.

Ce «c'était vraiment très bien» m'a laissé perplexe. Croyait-elle que nous avions fait l'amour? Ou faisait-elle seulement allusion au petit déjeuner?

Dix minutes plus tard, la sonnerie de la porte d'entrée retentissait.

—Je ne trouve pas ma Toyota.

—Je descends.

Nous avons passé une bonne demi-heure à arpenter le quartier, à la recherche d'une Tercel rouge. Nous avons fini par la trouver dans la ruelle voisine, avec une contravention coincée sous un essuie-glace. Judith m'a envoyé un petit baiser de la main en partant.

Elle est souvent revenue passer la nuit chez moi. Elle insistait toujours pour que personne au studio ne fût au courant de notre liaison. Je comprenais cette précaution, qui faisait mon affaire, à moi aussi. En vingt ans de métier, je m'étais toujours efforcé d'éviter toute liaison, même passagère, avec des collègues ou des clientes, bien que l'occasion s'en fût présentée à quelques reprises.

Pourtant, il y avait une grande différence entre les réticences de Judith Archambault et les miennes. Elle avait peur des ragots, tandis que j'avais peur de toutes les complications qu'entraîne une liaison lorsqu'on doit travailler régulièrement avec la personne qui en est l'objet. Je craignais que tôt ou tard cette liaison ne gêne nos relations professionnelles — surtout si elle prenait fin. Mais cela n'éloigna pas Judith, qui persista à utiliser mon lit, pourvu que personne d'autre que mon concierge ne s'en doute.

Nous ne nous rencontrions que chez moi. Tard. Vers dix heures, minuit ou deux heures, la sonnerie de la porte d'entrée retentissait et me réveillait plus souvent qu'autrement. Je savais que c'était elle et ne me donnais pas la peine de l'interroger dans l'interphone avant d'appuyer sur le bouton d'ouverture de la porte.

Souvent, elle avait travaillé toute la soirée. Plus souvent encore, elle avait bu et sentait l'alcool. Dans ce cas, je lui demandais où elle avait garé sa voiture et je le notais sur un bout de papier.

Si elle était à peu près sobre, nous faisions l'amour. Si elle ne l'était pas, elle s'endormait près de moi ; il m'est arrivé d'éjaculer juste à la savoir nue à mes côtés.

Nous ne sortions jamais, ce qui était le moyen le plus sûr d'éviter qu'on nous voie ensemble. Judith ne me téléphonait jamais, sinon pour des raisons professionnelles. Et je crois que nous avions alors le même ton désagréable et distant qu'auparavant. Peut-être même me traitait-elle avec un peu plus d'agressivité.

Une fois, je lui ai dit qu'il vaudrait mieux mettre fin à cette liaison qui pourrait devenir gênante pour elle si jamais quelqu'un venait à la découvrir. Elle avait fondu en larmes et m'avait supplié de ne pas l'abandonner.

Lorsque, en mai dernier, la banque et la ligne aérienne ont annoncé presque en même temps qu'elles ne renouvelaient pas leurs contrats, j'ai parlé à Judith de mon projet de prendre ma retraite et de voyager. Je lui en avais déjà glissé un mot, sans fixer de date, car je croyais en avoir pour encore un an ou deux, et elle n'avait pas réagi. Mais quand je lui ai annoncé, au début de l'été, que je partais trois mois plus tard, elle a fait une crise de larmes et m'a supplié de rester.

Saint Augustine
(Floride)

Le 26 septembre 1988

Tel que promis, je suis retourné à la cabine téléphonique à huit heures, hier soir. Un homme aux cheveux blancs l'occupait. Il avait garé tout près un énorme camping-car dont il laissait tourner le moteur. Il entretenait une discussion animée. Je me suis efforcé de ne pas l'écouter, mais je n'ai pu m'empêcher de saisir quelques phrases.

—Moi, je voudrais bien revenir, disait l'homme en anglais, mais seulement si tu retires ta plainte. D'ici là, tu ne sauras même pas où je suis. Je pourrais être en Floride, en Alaska, au Mexique, ça ne te regarde pas. Tout ce que je te demande, c'est d'aller à la police, retirer ta plainte !

La discussion dura encore une bonne dizaine de minutes. Je tournais autour de la cabine, dans l'espoir que l'homme tiendrait compte de ma présence. Mais il faisait exprès de me tourner le dos, et j'ai eu beau faire plusieurs fois le tour de la cabine, je n'ai pas réussi à établir le contact visuel.

—Tu n'as qu'à changer d'avocat. Moi, je continue. Non, je ne te dirai pas où.

Il y eut un long silence — deux ou trois minutes, peut-être. Puis l'homme dit simplement « non » et raccrocha.

Je me suis précipité sur le téléphone. Une femme s'était jointe à moi et attendait avec une impatience plus visible que la mienne. Elle me fit de gros yeux. « Ce ne sera pas long », lui ai-je dit en le regrettant aussitôt, parce qu'il n'était pas du tout sûr que ce ne serait pas long. J'ai téléphoné chez Judith.

«Vous êtes bien chez Judith Archambault...», a commencé sa voix de répondeur.

L'avais-je manquée à cause du compère précédent ou avait-elle tout simplement décidé de ne pas prendre mon appel?

—C'est encore moi. Je n'ai pas pu te rappeler à temps. Si on ressayait à dix heures? Il faut absolument que je te parle.

À dix heures, ni réponse ni répondeur chez Judith. À minuit non plus. Est-elle furieuse parce que j'ai eu un quart d'heure de retard? A-t-elle décidé de ne pas me parler? Peut-être un cas de force majeure l'a-t-il retardée. Ou elle était tout simplement dans un bar, en train de noyer son chagrin. Ou elle est morte des complications d'un avortement. Qu'est-ce que j'en sais? Je suis retourné à la caravane, j'ai bu deux tasses de café pour rester éveillé, j'ai essayé encore à deux heures du matin. Toujours pas de réponse.

Le 29 septembre 1988

J'ai téléphoné chez Judith jusqu'à quatre fois par jour, à presque toutes les heures du soir et de la nuit. Plusieurs fois aussi, je me suis rendu à la cabine téléphonique en plein jour, dans l'intention de demander Judith Archambault au studio de Larry Sirois. Mais je me suis ravisé chaque fois, parce que je crains de ne pouvoir passer inaperçu, ce que Judith ne me pardonnerait pas. De plus, si elle est enceinte et si la téléphoniste reconnaît ma voix, cela pourrait être utilisé contre moi dans un éventuel procès de paternité.

Cet après-midi, j'ai enfin songé à brancher le radio-téléphone dans la voiture (depuis quelques jours, je l'avais laissé dans le coffre pour éviter de me le faire voler). Surprise! Le voyant jaune s'allume. J'ai rappelé une dernière fois chez Judith pour lui dire qu'elle peut me téléphoner n'importe quand.

Mais le téléphone n'a pas sonné depuis. Cette nuit, je vais l'emporter avec moi dans la caravane, au bout d'une rallonge que j'ai fait faire exprès.

Je m'efforce de ne pas penser à Judith, mais je pense à elle toute la journée. J'ai pris finalement une décision fort simple : ce sera à elle de décider. Si elle veut garder l'enfant, je m'engagerai à lui verser quatre mille dollars — ce qui est le maximum que je puisse me permettre, et encore je devrai me priver d'une foule de choses. Quatre mille dollars, c'est plus que mes droits d'auteur pour trois romans ! Si elle opte pour l'avortement, je lui promettrai de payer tous les frais, même si je crois qu'il n'y en aura pas, ou de lui payer l'équivalent de son salaire pendant son absence du travail. Mais si elle veut que je revienne à Montréal vivre avec elle, je serai ferme : pas question. Je l'inviterai à passer quelques semaines avec moi dans la caravane, si ça l'intéresse. Rien de plus.

Le 30 septembre 1988

À cause de toutes mes histoires avec Judith Archambault, j'ai oublié de parler de l'endroit où je me trouve.

Pourtant, le camping du parc d'État Anastasia, près de Saint Augustine, dans le nord de la Floride, est peut-être plus agréable encore que celui d'Edisto.

J'ai l'impression d'avoir trouvé le paradis, version floridienne. Les emplacements sont ombragés, bien isolés les uns des autres par un feuillage abondant. Il fait beau. Les journées ne sont pas trop chaudes. Les nuits sont juste assez fraîches pour me laisser dormir sans peine. La plage, quoique moins proche du camping qu'à Edisto, est large et belle, avec une eau pure et claire. Surtout, cette plage est accessible aux voitures. Et le sable y est dense et fin, de sorte qu'on peut y circuler sans risque de s'enliser.

J'ai tenté l'expérience, et j'en ai retiré un grand plaisir. On roule doucement et silencieusement sur le sable fin. Les voitures sont d'ailleurs peu nombreuses en cette saison et font bon ménage avec les baigneurs, eux-mêmes venus là en voiture.

De plus, à moins de cinq minutes se trouve la jolie ville de Saint Augustine, avec son vieux quartier espagnol. Une université occupe le centre de la ville — le collège Flagler, dont l'architecture typique me donne l'envie, très fugitive, de retourner aux études.

Sebastian Inlet
(Floride)

Le 3 octobre 1988

Sur toute la côte atlantique, il doit bien y avoir au moins un pêcheur à tous les cent mètres, en moyenne.

Mais je n'en ai jamais vu une telle concentration que ce soir, au parc d'État de Sebastian Inlet, dans une île à peine plus large que la route. Un chenal, enjambé par un pont, relie l'Atlantique au bras de mer intérieur, à l'ouest de l'île.

Ce soir (peut-être en est-il de même tous les soirs ; mais il est possible qu'un phénomène naturel, comme une marée particulièrement forte, ait attiré les pêcheurs, toujours prêts à croire en tout phénomène susceptible d'améliorer un tant soit peu leurs chances d'attraper du poisson), une foule dense se pressait sur les passerelles suspendues sous le pont et qui permettent de pêcher à l'abri des voitures qui filent à vive allure au-dessus des têtes.

Mais rien ne protégeait les pêcheurs les uns des autres. C'était une joyeuse pagaille. Ils étaient plusieurs centaines sur les passerelles et le long des berges du chenal. Les lignes s'entremêlaient et certains apostrophaient sans ménagement ceux qu'ils jugeaient coupables d'avoir lancé leur ligne par-dessus la leur.

Pour s'approvisionner en appâts, plusieurs utilisaient des filets qu'ils jetaient dans l'eau et qu'ils remontaient avec quelques petits poissons et plusieurs hameçons de compétiteurs qui ne se gênaient pas pour manifester leur mécontentement.

Un pêcheur, de la berge du chenal, avait un gros poisson au bout de sa ligne. « C'est un requin », s'exclamait-on autour

de lui. Pas de danger qu'il s'échappe : la canne était énorme et
le fil très fort, comme si le pêcheur s'était spécialement équipé
pour le requin.

Mais dès qu'il eut sorti sa pièce, il a décroché le squale
de plus d'un mètre et l'a relancé à l'eau. Une femme eut beau
dire que si c'était je ne sais plus trop quelle sorte de requin, il
serait excellent à manger, rien n'y fit. Le pêcheur a relancé
son appât dans l'eau au bout de son gros fil, toujours à la
recherche de quelque chose d'énorme, pourvu que ce ne soit
pas un requin.

Sugarloaf Key
(Floride)

Le 5 octobre 1988

Hier, j'ai passé une seconde journée à rouler à fond de train, vers l'autre bout de la Floride.

Au coucher du soleil, je suis arrivé à Long Key. C'est un des «keys» (je crois qu'on les appelle des cayes, en français) qui forment un chapelet d'îlots à l'extrémité sud de la Floride. Le dernier et le plus célèbre, Key West, est plus près de Cuba que de Miami.

Les gardiens s'apprêtaient à fermer. J'ai payé sans sourciller les trente dollars qu'on m'a réclamés pour la nuit, mais je me suis promis de repartir au petit jour. Trente dollars sur un budget quotidien de trente dollars, c'est une somme considérable.

Je me suis couché tôt. Mais j'ai été réveillé peu après par des coups à ma porte. C'était une femme.

—Vous avez le numéro de la combinaison? m'a-t-elle demandé en anglais.

Il faut savoir qu'en Floride l'entrée des parcs d'État, pour assurer la sécurité des campeurs tout en laissant les gardiens rentrer chez eux le soir, est interdite la nuit par une barrière munie d'un cadenas à combinaison. Le numéro de la combinaison est inscrit sur le billet d'inscription de chaque campeur, ce qui permet de sortir du camping et d'y revenir après l'heure de fermeture.

—Je suis arrivée trop tard, a expliqué la femme.

J'ai compris qu'elle était arrivée après la fermeture de la barrière et qu'elle paierait le lendemain. En attendant, elle avait besoin du numéro de la combinaison pour entrer avec sa voiture. Je suis allé consulter le billet du camping, dans la Mustang.

—1-2-3-4, ai-je dit en constatant que les gardiens ne s'étaient pas cassé la tête pour trouver une combinaison compliquée.

—Merci, a dit la femme en français.

J'ai eu envie de lui parler plus longtemps, mais elle était déjà repartie en courant. Quelques minutes plus tard, elle arrivait dans l'emplacement voisin avec une petite voiture et montait sa tente très rapidement et de façon trop experte pour que je puisse l'aborder sous prétexte de lui offrir mon aide.

Ce matin, je me suis éveillé vers sept heures en entendant démarrer la voiture de ma voisine — une Chevette d'un vert limette à vomir, présentant le plus fort pourcentage de surface rouillée par rapport à la surface peinte qu'il m'ait jamais été donné de voir sur une voiture ou même sur tout objet métallique. Pratiquement toutes les parties de la carrosserie étaient en état de décomposition avancée, à commencer par les plus fréquemment atteintes : pare-chocs, tour des passages de roues, bas de portes. La rouille la plus spectaculaire rongeait le tour du capot et du couvercle du coffre. En fait, la petite voiture était plus rouge que verte. Même la plaque d'immatriculation — québécoise — était attaquée par la corrosion.

Je me demande comment les policiers des États que cette Chevette a traversés entre le Québec et la Floride ont pu la laisser circuler sans l'envoyer illico à la ferraille.

Peu après, je suis parti à mon tour. Je projetais de me rendre au parc de la Bahia Honda, à une heure de route plus au sud, où se trouve la seule plage naturelle de toutes les cayes de Floride.

J'ai roulé une vingtaine de mètres avant de me rendre compte que la Mustang ne se conduisait pas comme d'habitude: deux pneus étaient à plat. L'avant gauche et l'arrière droit. Étaient-ce les mêmes que l'autre fois? Je n'en suis pas tout à fait sûr. J'ai relu mes notes en arrivant ici, et je regrette de ne pas y avoir apporté cette précision. Plus j'y réfléchis, plus j'ai l'impression que, la dernière fois, il s'était plutôt agi de l'arrière gauche et de l'avant droit.

Quelques coups de pompe ont réglé le problème, et je suis parti pour de bon, pas fâché de profiter d'une journée grise et froide pour déménager.

Au Bahia Honda, on affichait complet. On aurait probablement de la place plus tard, mais on demandait vingt-huit dollars la nuit.

J'ai décidé de pousser plus loin. Mon gros annuaire des campings me promettait, à une demi-heure de route, un terrain privé avec une petite plage et des tarifs plus raisonnables. Il me serait possible de venir me baigner à la plage du Bahia Honda quand cela me chanterait.

Finalement, je me suis installé au *Pirate's Cove Campground and Marina*. Une plage minuscule, sur un large chenal entre les cayes Sugarloaf et Cudjoe, est son principal attrait. Les amateurs de pêche passent leur temps sur le tablier de bois qu'on a aménagé à leur intention de chaque côté du pont tout proche. Les emplacements sont petits, mais peu sont occupés en cette saison, où les tarifs sont plus raisonnables que dans les parcs d'État.

J'ai choisi un coin reculé et ombragé. Je me suis baigné au milieu de petits poissons de toutes les couleurs et j'ai décidé de passer le reste de la semaine ici.

Le 6 octobre 1988

Je suis amoureux. Comme cela ne m'était jamais arrivé.

Il est vrai que j'ai parfois tendance à tomber amoureux comme un collégien. Mais, chaque fois, je sais que cela ne durera pas. Cette fois-ci, je suis prêt à jurer que c'est pour toujours.

Et rien ne m'est plus agréable que de raconter à mon Macintosh comment cela m'est arrivé.

Ce matin, j'ai remarqué près de la marina la Chevette rouillée de ma voisine de Long Key.

Lorsque j'ai aperçu en plein jour la femme que j'avais à peine entrevue dans l'obscurité, j'ai compris pourquoi elle a pu traverser les États-Unis du nord au sud sans ennuis : elle est vive, souriante, petite, d'un châtain roux probablement authentique. Dès que je l'ai vue s'approcher de moi, je me suis demandé comment je ferais pour éviter la demande en mariage, tentation à laquelle j'ai pourtant résisté sans difficulté pendant les quarante-sept premières années de mon existence.

—Vous n'étiez pas à Long Key avant-hier ? lui ai-je demandé.

—Ah, c'était toi, dans la roulotte ?

—Oui.

Nous nous sommes posé aussitôt la question que se posent invariablement deux Québécois qui se rencontrent à l'étranger :

—D'où êtes-vous ?

—De Montréal. Et toi ?

—Moi aussi.

Cela n'avait rien d'étonnant, puisque la moitié du Québec habite Montréal et ses banlieues.

—Quel quartier ?

—Le Plateau Mont-Royal.

—Moi aussi.

—Moi, j'habite au coin de Rachel et Christophe-Colomb.

—C'est extraordinaire: je suis sur Marie-Anne, entre Christophe-Colomb et de La Roche.

Bref, nous habitons à cent mètres l'un de l'autre, mais nous ne nous étions jamais vus — ou à tout le moins jamais remarqués.

—Je peux vous inviter à partager une omelette? ai-je offert en feignant la désinvolture même si je souhaitais ardemment qu'elle dise oui.

—D'accord.

Nous sommes montés tous les deux dans la Chevette pour nous rendre à la caravane. J'ai craint un instant que le moteur, aussi poussif que la carrosserie est rouillée, ne parvienne pas à nous faire franchir les quelques centaines de mètres nécessaires. Mais il y arriva bravement, à mon grand étonnement.

Nous avons mangé dehors. Pendant que je battais les œufs, et sans même que je le lui aie demandé, Alice Brodeur m'a raconté son histoire.

Elle a longtemps travaillé comme vendeuse, dans différents magasins. Il y a deux ans, elle s'est mise sur l'assurance-chômage puis sur l'aide sociale et a décidé de passer ses hivers dans le sud des États-Unis. Elle a un petit logement qui ne lui coûte presque rien, à côté de chez sa sœur. Quand elle part pour le Sud, c'est celle-ci qui encaisse ses chèques et imite sa signature sur ses cartes d'aide sociale. Si un enquêteur se présente, elle n'a qu'à prétendre qu'Alice est chez sa mère en Abitibi, et qu'elle revient dans quelques jours. Alice a fait un transfert d'appels chez sa sœur et lui téléphone presque tous les matins, à huit heures. S'il n'y a pas de message pour elle, sa sœur ne répond pas et ça ne coûte rien. Mais, s'il le faut, Alice peut rentrer à Montréal en trois jours, en roulant presque sans arrêt.

Je lui envie ce moyen peu coûteux de prendre ses messages, tandis que je dois payer des frais d'interurbain même pour apprendre que personne n'a essayé de me joindre.

De plus, elle ne paye presque jamais pour le camping. Dans les parcs d'État, en Floride, elle arrive après l'heure de fermeture et demande à un campeur la combinaison, comme l'autre soir. Il paraît que les seuls à refuser sont les petits vieux dans les plus grosses caravanes. Ici, elle campe gratuitement près d'un pont. Un jour sur deux, pour prendre sa douche, elle vient au camping en disant qu'elle va à la marina. Ça lui coûte trois dollars. Donc, pour la douche et le camping, un dollar et demi par jour, en moyenne. Rarement plus.

Bref, Alice Brodeur m'a affirmé qu'elle arrive à bien vivre avec six ou sept dollars par jour — bien moins qu'à Montréal.

Je suis impressionné. Elle a peut-être quinze ans de moins que moi, et a réussi à prendre sa retraite (si on peut appeler ça une retraite) sans avoir jamais mis un sou de côté.

—Vous avez de la chance, lui ai-je dit.

—Tu n'en as pas, toi? Avec une belle roulotte et une voiture toute neuve.

—J'ai travaillé fort pour avoir tout ça.

—Moi, je trouve que plus on a de trucs, plus on a d'ennuis.

Je n'ai rien dit, mais je suis forcé d'en convenir. Les frais et les ennuis que m'occasionne le radiotéléphone suffisent amplement à étayer cette thèse.

Comme d'habitude, j'ai à moitié raté l'omelette, qui a collé au fond de la poêle. Alice Brodeur a mangé sa part comme si de rien n'était. Elle est repartie en me disant au revoir, ce qui m'a fait plaisir.

Le 7 octobre 1988

Il a fait très chaud, la nuit dernière. Il n'y avait pas de vent, et les damnés insectes invisibles que les Floridiens appellent des *no-see-'ems* ont envahi la caravane malgré les moustiquaires. J'ai mal dormi et je serais parti d'ici, n'eût été l'envie de revoir Alice Brodeur.

Les pneus avant gauche et arrière droit de la voiture sont encore à plat. Cette fois, mes notes m'ont permis de vérifier que ce sont les mêmes qu'à Long Key. Je me demande si les soupapes ne seraient pas mal serrées. Il faudrait que je me procure un de ces capuchons munis d'une fente pour les resserrer. J'ai regonflé les pneus. J'ai mis de la salive sur l'embouchure des soupapes pour voir s'il s'échappe de l'air. Je ne vois rien. Les pneus gardent leur pression.

Au moins, le vent froid a chassé les *no-see-'ems*, que j'espère disparus pour la journée ou, mieux encore, à tout jamais. Mais la radio annonce que la saison des tempêtes tropicales bat son plein et que le temps va demeurer imprévisible et changeant.

J'ai passé la matinée à me promener entre la caravane et la marina, à la recherche d'Alice Brodeur. Je ne l'ai pas vue. J'ai fini par me convaincre que j'étais un bel idiot de passer ma journée ici à l'attendre alors qu'elle était peut-être repartie plus loin. La timidité m'a empêché d'aller lui rendre visite près du petit pont dont elle m'a parlé et que je parviendrais sûrement à repérer si je m'en donnais la peine.

Finalement, je suis allé visiter Key West, où j'ai mangé un *burrito* et bu trois verres de bière chez *Sloppy Joe*, qui prétend avoir été le bar préféré d'Ernest Hemingway.

J'avais l'intention de ne rentrer qu'après le coucher du soleil. Il paraît que la foule se réunit sur le quai et qu'au moment de la disparition des derniers rayons à l'horizon elle applaudit plus ou moins chaleureusement selon qu'elle juge le spectacle solaire plus ou moins réussi. Mais je suis sorti de chez *Sloppy Joe* vers deux heures et je voyais mal comment tuer le temps jusqu'au coucher du soleil sans prendre quelques verres de plus alors que j'avais une bonne demi-heure de voiture à faire pour retourner au camping.

Je suis donc rentré assez tôt de Key West.

Sur la route, je me suis remis à penser à Alice Brodeur. D'abord, je trouvais assez dégueulasse d'abuser ainsi de l'aide sociale. Puis, en y réfléchissant, j'en suis venu à la conclusion que le gouvernement ne se mêle peut-être pas de ses affaires. Qu'est-ce que cela peut faire, qu'Alice Brodeur dépense ses sous au Québec ou en Floride? Le Premier ministre est-il vraiment réconforté par le fait que les assistés sociaux se font geler les fesses pendant tout l'hiver, alors qu'ils pourraient tout aussi bien se faire bronzer bien au chaud? Pourquoi la société se sent-elle le droit d'imposer un mode de vie à des gens qu'elle maintient dans la misère?

Je m'étonnais de tenir des propos si généreux, ce qui est loin d'être dans mes habitudes. Sans doute était-ce parce que je trouvais fort agréables la personne et la personnalité d'Alice Brodeur.

Il était regrettable que, partis à peu près en même temps et suivant à peu près à la même vitesse le même itinéraire, nous ne nous soyons pas rencontrés auparavant.

Quoique, je m'en souvenais maintenant, j'avais déjà remarqué une vieille Chevette rouillée garée à l'entrée du camping d'Edisto. Peut-être était-ce celle d'Alice Brodeur, venue là prendre sa douche.

Tout à coup, toutes les pièces du puzzle se sont mises en place: Alice Brodeur est la cause de tous mes malheurs. Ce ne peut être qu'elle. Je l'ai vue à Edisto, puis à Long Key et enfin ici. Et les trois fois, on a dégonflé les pneus de la Mustang. À Montréal, elle avait pu partir après avoir crevé ceux de la caravane. Et en Virginie, c'était peut-être elle encore qui avait détaché la caravane pendant que j'étais aux douches.

Pourquoi ? Cette question m'a occupé pendant de longues minutes. Peut-être est-ce simplement du vandalisme gratuit — le plaisir d'une pauvresse qui s'en prend à un voyageur plus fortuné ?

Mais peut-être s'agit-il d'une vengeance — une histoire de femme, par exemple. Elle pourrait être la sœur d'une femme qui ne porte pas le même nom de famille. Comme Judith Archambault, que je n'ai pas véritablement abandonnée, mais qui a pu s'imaginer que je l'ai fait.

Ce ne peut être que ça : Judith Archambault est la sœur d'Alice Brodeur. Les deux prénoms ont une certaine ressemblance. En tout cas, il est facile d'imaginer deux sœurs se prénommant Alice et Judith. Leur physique est parfaitement compatible. Judith est, elle aussi, petite, aux yeux bleus, avec des cheveux plus roux encore que ceux d'Alice.

Tout concorde parfaitement. Il suffit qu'une des deux ait déjà été mariée pour avoir changé de nom. Judith a demandé à sa sœur de suivre son amant et de lui causer des embêtements. Pas nécessairement pour se venger, d'ailleurs. Peut-être veut-elle seulement que je rentre à Montréal le plus tôt possible, désenchanté par des mésaventures à répétition.

Enfin, le mystère des pneus est éclairci : une histoire de jalousie. Mais jusqu'où les sœurs Brodeur (ou Archambault) sont-elles prêtes à pousser l'expérience ? Les pneus dégonflés sont-ils un jeu innocent ou le prélude à quelque chose de pire ? Est-ce qu'on s'apprête à saboter mes freins ou ma direction ? Alice doit s'y connaître en mécanique, pour voyager avec un véhicule pareil. Judith est-elle le genre de femme à vouloir me tuer pour me punir de l'avoir fuie ? Cela n'est pas impossible.

Je devenais de plus en plus fébrile en rentrant de Key West. Que pouvais-je faire ? Semer Alice Brodeur ? Rien de plus facile, à première vue. N'empêche qu'elle m'avait rattrapé à trois reprises au moins.

C'est alors que je me suis donné une grande tape sur le front : « Pas étonnant qu'elle me rattrape tout le temps — elle a mon itinéraire ! »

Je venais de songer à l'itinéraire que j'ai laissé à Larry Sirois, auquel Judith Archambault a aisément accès et où, semaine après semaine, il est facile de voir dans quelle région je me trouve. Alice Brodeur en a une copie. Elle n'a qu'à faire le tour des campings des environs, sous prétexte de prendre sa douche, pour dégonfler mes pneus dès que j'ai le dos tourné.

Impossible de la semer, à moins de modifier mon itinéraire — ce qui m'embêterait énormément. J'ai promis à Larry Sirois d'être à sa disposition, si jamais son satané contrat était signé. Et si je ne suis pas là où j'ai promis au moment où je l'ai promis, cela pourrait me faire perdre quarante mille dollars par an pour deux jours de travail par semaine. D'autant plus que rien n'interdit de penser qu'une personne aussi rusée qu'Alice Brodeur peut trouver un moyen de me rattraper même si je change d'itinéraire.

La seule solution possible: la démasquer et la menacer d'aller voir la police ou, mieux encore, de la dénoncer auprès du ministère des Affaires sociales si jamais je la retrouve sur mon chemin.

Précaution supplémentaire: affirmer que j'ai écrit à un ami pour lui demander, si jamais il m'arrivait quelque chose, de faire faire enquête sur une certaine Alice Brodeur, domiciliée rue Marie-Anne et propriétaire d'une antique Chevette vert limette.

Si elle avait été encore à traîner au camping, je serais allé lui parler immédiatement et j'aurais mis fin à ce cauchemar sans plus attendre. Mais j'ai fait le tour du camping et n'ai aperçu ni Alice ni sa voiture.

Le 8 octobre 1988

J'ai attendu Alice Brodeur en vain toute la journée.

Pourtant, ce devrait être son jour de douche si elle prend vraiment sa douche un jour sur deux. M'aurait-elle menti là encore?

Tout à l'heure, en fin d'après-midi, je suis allé la trouver près du pont dont elle m'a parlé. J'ai pris en voiture la petite route de gravier qui s'engage d'abord entre les cocotiers puis se poursuit dans une grande savane. Et je suis arrivé à un pont détruit par le feu. Il n'y avait pas là la moindre tente, ni sur une rive ni sur l'autre. Pas même d'endroit où planter une tente, à moins de la monter au beau milieu du chemin. M'avait-elle menti en me disant qu'elle campait près du pont? «Par là», avait-elle précisé en faisant un geste dans cette direction.

J'ai sorti ma carte des Keys, je l'ai déployée sur le capot. Y aurait-il un autre pont? J'ai repéré de l'autre côté de la rivière un endroit où la route traverse un canal. Il fallait donc qu'il y ait un pont par là.

Je suis reparti en voiture, j'ai pris la route de Key West, sur laquelle j'ai roulé quelques kilomètres avant de prendre le premier chemin à gauche, puis encore un autre chemin à gauche au bout de celui-là. La route s'élève alors sur un petit pont qui franchit un canal. Et mon cœur s'est mis à battre à tout rompre lorsque j'ai aperçu la Chevette vert limette et une minuscule tente rouge plantée à côté du canal.

La Chevette était garée dans le petit chemin qui descend vers ce canal, probablement de façon à empêcher d'autres campeurs d'aller s'installer là.

J'ai laissé ma voiture sur la route et me suis approché de la tente.

—Alice?

Pas de réponse.

—Alice, c'est moi. Je sais que tu es là. Il faut que je te parle, c'est très important.

Toujours pas un mot.

—Alice, je sais que c'est toi qui dégonfles mes pneus. Et il faut que ça cesse, sinon...

Toujours rien. Je me suis penché, j'ai soulevé un pan de la tente. Il n'y avait personne. Uniquement un sac de couchage déroulé et quelques vêtements dans un coin.

Elle n'était pas là. Sa voiture y était. Elle-même ne pouvait pas être loin. J'ai attendu une demi-heure, en imaginant des pièges pour la démasquer. Je lui demanderais si elle connaissait le *Maddox Family Campground* à Chincoteague. Si sa sœur s'appelait Judith. J'étais sûr des réponses. Si elle reconnaissait sa culpabilité et jurait de me ficher la paix à l'avenir, j'étais disposé à laisser tomber ma menace de communiquer avec les Affaires sociales.

Mais le soleil commençait à descendre à l'horizon et Alice Brodeur n'arrivait toujours pas. Où était-elle passée ? Depuis le temps que j'attendais, pas une voiture n'était venue dans ce coin perdu. Il n'y avait que la mienne et la Chevette.

Un autre plan s'est mis à germer dans mon cerveau. La Chevette était dans une pente et n'était pas fermée à clé — une glace (peut-être impossible à relever) était baissée. Il suffisait de desserrer le frein à main, et la Chevette descendrait tout droit et toute seule dans le canal. Et je serais débarrassé à jamais d'Alice Brodeur.

J'ai hésité une bonne demi-heure encore avant de m'y résoudre. Je n'ai jamais commis le moindre acte criminel, et j'étais parfaitement conscient que c'en était un.

Ma tranquillité d'esprit était toutefois en jeu. Peut-être même ma vie. Deux fois encore, j'ai regardé à l'intérieur de la Chevette. Elle avait une boîte de vitesses manuelle. Je n'avais qu'à mettre le levier au point mort, baisser le frein, et elle reculerait.

La troisième fois, je l'ai fait. Je suis monté rapidement dans la Chevette sans refermer la porte derrière moi, j'ai mis au point mort, j'ai baissé le levier du frein et je suis retourné aussitôt dans la Mustang. Pendant quelques instants, j'ai eu l'impression que la Chevette ne bougerait pas tant que je ne lui donnerais pas une poussée. Comme j'allais m'y décider, elle s'est mise à reculer, tout doucement.

Je voulais quitter les lieux sans tarder. Mais je n'ai pas pu m'empêcher de regarder la Chevette prendre de la vitesse peu à peu. Elle a fait un arc de cercle, et j'ai cru un instant qu'elle braquait trop pour descendre jusqu'au canal. Je l'ai perdue de vue. Un grand «plouf» m'a rassuré.

J'ai fait demi-tour et je me suis arrêté sur le pont. La Chevette, couchée sur le côté, s'enfonçait lentement dans l'eau du canal. Je n'ai pas attendu qu'elle ait fini de couler. Le cœur battant, je suis rentré au camping.

Il était grand temps de faire à souper. J'ai ouvert le coffre de la voiture, j'ai sorti des pâtes et un pot de sauce tomate.

—Tu veux du poisson? a fait une voix derrière moi.

C'était Alice Brodeur, souriante, qui me tendait un sac de plastique, plein de beaux filets de poisson tout blancs.

—Bud m'a emmenée à la pêche, a-t-elle expliqué en désignant du bout du nez un grand garçon blond qui se tenait à côté d'elle.

Il souriait lui aussi, même s'il était évident qu'il ne comprenait rien à ce qu'elle disait.

—Il les a tout arrangés. Mais il y en a beaucoup trop pour moi.

Elle a plongé la main dans le sac, a ressorti une pleine poignée débordante de petits filets de poisson qu'elle a mis dans une assiette vide sur ma table de pique-nique.

—Il était d'accord pour t'emmener, mais tu n'étais pas là.

J'ai bredouillé que j'avais passé la journée à Key West et que je venais tout juste d'arriver.

—Aimerais-tu mieux venir manger avec moi, près du pont? a-t-elle encore offert. Bud vient juste me reconduire, et après il s'en va rejoindre ses parents à Key Largo. Je te ramènerai dans ma Chevette.

Une seconde, j'ai imaginé que j'arriverais avec elle et Bud, pour constater que la Chevette avait disparu. Alice

Brodeur ferait probablement une crise de larmes. Et puis, je n'avais pas vu de réchaud dans la tente. Nous serions incapables de faire cuire le poisson. Non, il fallait éviter ça à tout prix.

—Je suis un peu fatigué. Je préfère manger seul.

—Comme tu voudras.

Elle est repartie gaiement avec son bel Américain bronzé.

J'ai fait cuire les filets de poisson dans de l'œuf et du lait. Ce n'était pas mauvais, mais je n'en ai pas mangé la moitié.

Le 10 octobre 1988

Une main a frappé à ma porte tandis que je déjeunais à l'intérieur pour me protéger des moustiques, trop rapidement revenus.

—Tu es là?

C'était la voix d'Alice Brodeur. J'ai été pris de panique. Avait-elle pu apprendre que c'était moi qui avais envoyé sa voiture dans le canal? Peut-être quelqu'un m'avait-il vu, ou la police avait-elle relevé les empreintes de mes chaussures ou des pneus de la Mustang? J'ai eu envie de faire semblant de ne pas être là. Mais Alice pouvait m'avoir vu par la fenêtre.

J'ai tenté de me composer le plus innocent des visages en ouvrant la porte.

—Tu ne sais pas ce qui m'arrive? a-t-elle commencé, tout excitée. Je peux entrer?

—Oui. Tu veux du café?

Je lui ai servi le fond du thermos.

—Tu ne devineras jamais ce qui m'est arrivé, renchérit-elle.

Elle avait l'air si heureuse que je ne devinais pas du tout.

—Quand Bud est venu me reconduire à ma tente près du pont, là-bas, la Chevette avait disparu. J'ai pensé qu'on me l'avait volée. Bud m'a invitée à souper au restaurant puis à passer la nuit dans son motel. Je n'avais pas tellement le choix, je ne pouvais même pas faire cuire le poisson. C'était bon?

—Le poisson? Oui, délicieux.

—J'ai ramassé mes affaires, on les a mises dans la BMW, puis on est partis. Mais juste en haut du pont, Bud a regardé dans le canal. Et tu sais ce qu'il a vu?

—Oui. Je veux dire non.

—Ma Chevette. Dans le canal. Imagine-toi donc que j'avais mal serré le frein à main. Puis, comme j'avais stationné l'auto en haut d'une pente à l'entrée du chemin pour garder ma place, la Chevette a reculé et s'est retrouvée au fond du canal. Ça fait qu'on est redescendus sur le bord du canal. Bud a mis son équipement de plongée. Il a remonté tout ce qu'il a pu. Ensuite, on est allés manger au restaurant. Bud a téléphoné à ses parents, leur a expliqué ce qui m'était arrivé. Tu ne sais pas ce qu'ils ont fait?

—Non, ai-je dit, toujours pas doué pour les devinettes.

—Ils m'ont invitée à partir avec eux sur leur yacht. Un yacht de soixante pieds, paraît. On va faire le tour des Bahamas. On revient dans un mois. C'est extraordinaire, non?

—Je suis content pour toi.

—J'ai téléphoné à mon agent d'assurances. D'après lui, ma voiture va être déclarée perte totale. Ça devrait me donner au moins deux mille dollars, parce que c'est quand même une soixante-dix-neuf. Dans un mois, je vais revenir des Bahamas, ça ne m'aura rien coûté parce que Bud m'a dit que je n'aurais rien à payer. De toute façon, je ne pourrais pas avoir d'argent avant la semaine prochaine. Ça fait que dans un mois je vais avoir deux chèques de Bien-être, plus l'assurance. Je vais m'acheter un vieux tacot aux États-Unis, puis je vais repartir. Qu'est-ce que tu dis de ça?

—C'est merveilleux.

J'avais beau m'efforcer de sourire, je devais avoir une tête d'enterrement. Mais elle n'a rien remarqué et a poursuivi, de sa voix enjouée qui m'avait tant séduit à prime abord:

—Avoir su, j'aurais fait exprès pour envoyer ma Chevette dans le canal.

Nous avons ri. Elle franchement, moi jaune.

—Faut que je me dépêche. Bud m'attend. Mais je voulais te dire que je t'ai trouvé bien gentil et que j'espère qu'on se reverra.

—Moi aussi, ai-je dit, sans trop savoir si je mentais ou si je disais la vérité.

Elle est partie sans avoir fini son café.

Pendant quelques instants, j'ai été sincèrement heureux pour elle. Je croyais même avoir été l'instrument du destin en desserrant le frein à main de la Chevette. Sans mon intervention, Alice Brodeur continuerait à loger dans une tente exiguë et à rouler dans une voiture en ruine. Maintenant, grâce à moi, elle était heureuse — presque riche, toutes proportions gardées! — et ferait peut-être un beau mariage.

Cette intense satisfaction a bientôt été remplacée par un sentiment de honte aussi intense. Quel qu'ait été l'effet de mon intervention, je n'en ai pas moins jeté dans un canal la voiture et les effets personnels d'une pauvre et brave fille, à laquelle j'étais, hier encore, tout à fait disposé à offrir le mariage. Jamais de ma vie je n'avais rien fait d'aussi malveillant. Et je me suis mis à voir dans le bonheur soudain de la jeune femme une vengeance du destin à mon endroit.

Comble de malheur: à moins d'expurger de mon journal toute cette histoire — par ailleurs la seule intéressante qui me soit arrivée depuis mon départ —, me voilà forcé d'abandonner toute ambition de le faire publier un jour.

Donc, c'est résolu : demain, je reprends mon récit du type tout nu sur sa plage de Floride. Mon seul problème : les plages d'ici ne correspondent pas du tout à ce que j'ai en tête pour situer mon roman. J'en trouverai peut-être une sur le golfe du Mexique.

Venice
(Floride)

Le 14 octobre 1988

Après toutes les émotions de la semaine dernière, c'est enfin le calme plat.

La côte du golfe du Mexique ne m'inspire pas plus que celle de l'Atlantique pour les mésaventures de mon voyageur. Enfin arrivé au bas de la page 1, il est toujours dans son camping-car. Il a devant les yeux une plage superbe et déserte (dont je ne trouve pas l'équivalent sur cette côte, où chaque mètre de plage est occupé par des appartements sans personnalité, des villas cossues, des hôtels de toutes les catégories ou, au mieux, par un parc public envahi par la foule). Mais il est incapable de franchir les quelques mots qui le séparent de la page 2.

Le principal problème de ce personnage, c'est que je ne lui trouve pas de nom. Je pourrais l'appeler Denis Dubuc ou Louis Lavigueur ou Guy Granger, si n'importe qui était capable de devenir personnage de roman. Mais je ne trouve pas de nom significatif, qui donnerait à mon personnage un peu de substance et de personnalité. Tant que je n'en aurai pas, il restera dans son camping-car, incapable de sortir humer l'air, de se déshabiller et de se jeter nu dans l'eau, où il n'aura justement rien d'autre que sa peau et son nom.

Je me suis installé dans le parc d'État Oscar Scherer, dont je n'ai rien à dire sauf qu'il est bien loin de la plage, où je dois me rendre en voiture. Il est vrai qu'il y a ici un étang d'eau douce. Mais un panneau prévient les baigneurs que les alligators craignent les humains, sauf lorsqu'on leur donne à manger. Comment peuvent-ils savoir que je ne suis pas un repas envoyé par leurs dieux? Je ne mettrai pas un orteil dans cet étang.

J'ai profité de la proximité d'une ville d'une certaine importance pour faire faire la mise au point de la Mustang, dont le compteur indiquait douze mille kilomètres. J'ai aussi fait remplacer le pneu de la roue de secours de la caravane, que j'avais complètement oublié depuis que ceux de la Mustang me causent des ennuis.

Ici, le téléphone cellulaire fonctionne. Plus précisément, il fonctionnerait si on me téléphonait. Et je crois que je serais enchanté de recevoir un appel de Larry Sirois. J'ai tout à coup envie de travailler — histoire de briser l'ennui et d'oublier Alice Brodeur.

Les alligators de l'étang m'envoient me baigner dans le golfe, à la plage de Nokomis, la plus proche du camping, surtout fréquentée par des vieux. Ils passent leurs après-midi dans l'eau jusqu'au cou, et seules leurs têtes argentées dépassent parmi les flots d'une mer étale. On dirait des boules de pétanque abandonnées sur un boulodrome désert.

À la fin du jour, une foule clairsemée se réunit sur la dune pour regarder le soleil se coucher. Je me suis joint à elle ce soir. Une dame élégante, aux cheveux grisonnants, s'est assise sur le même banc que moi. Lorsque le soleil a disparu derrière les vagues, je lui ai demandé quelle cote, de un à dix, elle donnerait à ce coucher de soleil.

—Sept, m'a-t-elle répondu sans hésiter comme si elle venait chaque jour donner au soleil sa note de passage.

Nous n'avons plus échangé un mot et sommes partis en même temps, quelques instants plus tard. Sur le terrain de stationnement, elle m'a adressé un sourire en montant dans sa voiture — une Cadillac monumentale, toute neuve. Pendant un instant, j'ai rêvé à un grand lit moelleux et à des draps de soie.

Mais cela ne m'a pas empêché de repartir, dans la Mustang, vers ma caravane au lit dur et aux draps râpeux.

L'île Saint George
(Floride)

Le 19 octobre 1988

Le parc d'État de l'île Saint George me convient parfaitement. Déjà isolé à l'extrémité d'une île protégée des foules par un pont à péage, il est presque désert en cette saison. Je peux courir sur la plage au moins une heure chaque matin sans rencontrer personne.

Seul un héron me voit venir, s'envole à mon approche et va se poser un peu plus loin, pour repartir dès que j'arrive encore trop près à son goût. Après avoir répété quatre ou cinq fois ce manège, il fuit vers la mer, me contourne à bonne distance et revient se poser à son premier point de départ. À mon retour, une demi-heure plus tard, il recommence. Voilà deux jours que cela se passe ainsi, et il n'a pas encore appris à me contourner pour de bon la première fois qu'il m'aperçoit. S'il n'avait pas sa tête ébouriffée et prétentieuse de héron, on pourrait croire qu'il veut jouer.

Tandis que j'écris ces quelques lignes en attendant que l'eau de mes spaghetti arrive à ébullition, des fourmis se sont introduites dans ma boîte de fromage râpé. Je verse le fromage dans un bol, j'élimine toutes les fourmis. Je m'aperçois qu'il y en a encore. Je les enlève aussi. Il en reste toujours. Je chasse les dernières. Mais une autre «dernière» fourmi se pointe et c'est à recommencer.

Finalement, j'abandonne : si les fourmis se repaissent de mon fromage, je les mangerai à mon tour dans mes pâtes.

Le 20 octobre 1988

Je n'avais pas tant parlé depuis deux mois.

Hier soir, je suis allé à la taverne *Harry A.* La Lowenbrau en fût se vendait soixante-quinze cents la chope, et j'en ai vidé quelques-unes, ce qui a eu pour effet de me délier la langue et aussi de me donner envie d'écouter les autres.

Assis au bar, j'ai d'abord parlé de politique avec Bob, un entrepreneur en construction, qui se désole de la minceur des candidats à la présidence cette année ainsi que dans toutes les élections depuis celle de John Kennedy (inclusivement, si j'ai bien compris). Et je m'étonne avec lui que, dans un pays de deux cent cinquante millions d'habitants, il n'y ait pas un seul homme politique d'envergure.

Au moment où Bob s'apprêtait à partir, une femme est arrivée. Elle avait les cheveux très noirs et la poitrine généreuse et m'a regardé avec intensité ou curiosité. Je crois même qu'elle a demandé au barman s'il me connaissait. Mais Bob a tardé à libérer son tabouret. La femme a eu le temps de trouver quelqu'un d'autre avec qui s'asseoir.

Un juge a pris la place libérée par Bob. C'était la première fois que je rencontrais un juge dans une taverne. Il était fort sympathique et se vantait d'être un des deux seuls juges buveurs de la région. Il m'a expliqué qu'il était juge de circuit, un circuit comprenant six comtés. Les juges de comté ne s'occupent que des délits mineurs et des infractions au code de la route. Les juges de circuit s'occupent de toutes les poursuites criminelles ainsi que des poursuites civiles de plus de cinquante mille dollars. Les juges — qu'ils soient de comté ou de circuit — sont élus. Sa présence dans ce bar faisait-elle partie de ses plans de campagne électorale? Probablement pas, puisqu'il daignait parler aussi aux étrangers.

Il m'a ainsi appris que, dans le comté de Franklin où nous sommes, la proportion d'illettrés est de soixante-huit pour cent. Dans le comté voisin, celui de Gaston, à majorité noire, elle dépasse les quatre-vingts pour cent. Et ce dans le pays le plus prospère et le plus puissant de l'histoire de l'humanité.

Une jeune femme est arrivée et le juge nous a présentés. J'ai oublié son nom. Elle serait jolie si ce n'était de ses yeux exorbités. Elle vient de rompre avec son *boy friend* et se demande si elle va continuer à vivre ici ou retourner à l'université (les études coûtent cher, mais le nouveau mari de sa mère offre de les payer).

Une de ses amies est venue se joindre à nous. Une grande fille blonde, splendide, dont je suis prêt à parier que son petit ami n'a pas été assez fou pour la laisser tomber.

Toutes deux m'invitent à la «sixième partie de plage annuelle de l'île Saint George», samedi de la semaine prochaine. Elles me feront faire la connaissance de Judy, une de leurs amies qui doit arriver bientôt de Chicago. Mais elles disent cela en se regardant avec un air entendu, et je soupçonne Judy de peser deux cents kilos, d'être cul-de-jatte ou de souffrir de strabisme convergent.

Je suis parti vers onze heures. D'après l'argent qu'il reste dans mes poches, j'estime avoir vidé une bonne dizaine de chopes.

En sortant du *Harry A*, j'ai remarqué que la femme à la forte poitrine faisait le service aux tables. Si j'y retourne, ce n'est pas au bar que je m'assiérai.

Le 23 octobre 1988

C'est aujourd'hui dimanche, et j'ai communiqué avec le centre de messages. J'avais *un* nouveau message.

—Allô, Bernard ? Je ne sais pas si je devrais te dire ça, mais je pense être enceinte. Pourrais-tu essayer de me téléphoner mercredi, vers six heures ?

Un instant, j'ai cru qu'il s'agissait du message que j'avais écouté le mois dernier et qui, par quelque effet magique de la radiotéléphonie, se serait trouvé une nouvelle vie. Mais non : un mois plus tôt, Judith semblait sûre d'être enceinte, et maintenant elle ne faisait que « penser » l'être.

« Pour réécouter ce message… », reprit la voix numérisée. Sans attendre la suite, j'ai appuyé sur le 7.

Il faudra que j'apprenne à conserver mes messages. Si j'avais gardé les deux, je pourrais maintenant les comparer. Peut-être Judith avait-elle été moins catégorique que je ne l'avais cru, la première fois ? Je parie qu'elle était bourrée, et qu'elle a oublié qu'elle m'avait téléphoné. En tout cas, elle m'a donné un nouveau rendez-vous.

J'ai pris une décision : je ne déménagerai pas demain, même si mon itinéraire prévoit que je dois me trouver dans la région de Pensacola à partir du 24. Je n'ai qu'à téléphoner à Larry Sirois pour lui dire que je reste ici une semaine de plus.

Et puis, la plage est idéale pour le jogging : presque parfaitement horizontale, avec un sable ni trop ferme ni trop mou. J'ai couru quatre-vingt-six kilomètres en six jours.

Le 24 octobre 1988

Les mouches sont insupportables, depuis hier soir. Ce matin, elles se sont agglutinées par douzaines sur ma serviette, d'un bleu qui semble être leur couleur préférée, alors que mes autres vêtements suspendus à la corde à linge n'en attirent pas une.

Il y avait un crapaud dans mon thermos, qui flotte maintenant sur ma tasse de café. La pauvre bestiole a sauté là pour des raisons que je ne peux deviner. Peut-être était-elle à la poursuite d'une mouche ? Quand j'y ai versé le café bouillant, elle a eu la surprise de sa vie — la dernière.

Je me passe de ma dose quotidienne de caféine. Je remballe ma corde à linge et mon ordinateur. Je pars. Au diable la sixième partie de plage annuelle de l'île Saint George !

Pensacola
(Floride)

Le 25 octobre 1988

Dans les livres d'identification des oiseaux, il devrait y avoir un chapitre sur les avions. Les uns comme les autres, on les surveille en regardant en l'air, les jumelles au cou.

En me promenant avec mes jumelles et mon guide des oiseaux d'Amérique du Nord dans le petit sentier qui traverse le «rivage national des îles du Golfe», j'ai aperçu à peu de distance et à basse altitude six avions qui volaient en formation. Noirs comme la mort, effilés comme des fléchettes, ils menaient un train d'enfer et passaient si bas et si près que je distinguais la silhouette des pilotes dans leur cockpit. Impossible de savoir de quel type d'appareil il s'agit, car mon guide n'identifie pas les oiseaux mécaniques. Et ne dit pas non plus quel genre de guerre ils préparent.

Quelques minutes plus tard, j'ai eu bien plus peur. D'un marécage que longe ce sentier, trois canards se sont envolés brusquement, juste derrière moi. Le bruit qu'ils ont fait m'a effrayé cent fois plus que le passage des six avions. Mon cœur a battu à tout rompre pendant plusieurs minutes.

J'ai réussi à me convaincre de relire mes mésaventures avec Alice Brodeur. Cela m'a fait du bien. Après tout, je n'ai tué personne. J'ai simplement débarrassé le réseau routier nord-américain d'un véhicule dangereux. Et je suis sûr qu'Alice ne s'en trouvera pas plus mal. Peut-être même ai-je été, bien involontairement mais cela ne change rien à l'affaire, l'artisan de la plus heureuse des destinées en la forçant à partir en croisière avec son Bud.

Le 26 octobre 1988

À l'heure dite, j'ai fait le numéro de Judith Archambault.
«Vous êtes bien chez Judith Archambault...»
—Judith? Judith?

J'ai attendu un instant. Son répondeur lui permet de filtrer les appels. Et je me suis d'abord dit qu'elle avait simplement oublié de l'enlever en rentrant et qu'elle répondrait à ma voix. Mais non.

—Judith, il est mercredi, six heures, comme tu m'as demandé. Je vais ressayer dans une demi-heure.

J'ai rappelé vingt minutes plus tard. Puis à dix heures, et à minuit. Toujours ce satané répondeur. Pourquoi m'a-t-elle donné ce rendez-vous si elle n'y est pas? Je parierais ma chemise qu'elle est allée prendre un verre de trop.

Le 27 octobre 1988

C'est en essayant de m'endormir hier soir que j'ai fini par tout comprendre.

Ce n'est pas la voix de Judith Archambault que j'ai entendue la dernière fois, mais celle de Laurette Larose! Impossible de le vérifier, puisque j'ai effacé le message. Mais j'en suis sûr, maintenant: c'était Laurette. Et je ne l'ai pas rappelée à l'heure où elle me l'a demandé. Que doit-elle penser de moi?

Surtout, comment ai-je pu faire deux enfants en même temps? Je sais depuis longtemps que je ne suis pas stérile. J'ai fait un enfant à une fille de mon âge quand j'avais vingt-deux ans. Elle s'était fait avorter, sur ma suggestion et à mes frais.

Avortement clandestin, puisqu'il n'y en avait pas de légitimes à cette époque. Il s'était passé sans incident, mais elle l'avait mal pris quand même et n'avait plus voulu me revoir. Huit ans plus tard, j'ai fait encore un enfant à une dénommée Julie, qui l'a gardé. Pendant quelques années, je lui ai envoyé un peu d'argent — vingt-cinq dollars par semaine. Un jour, elle m'a envoyé un faire-part de mariage. Incapable de savoir si elle m'annonçait la fin de son célibat ou si elle désirait ma présence à ses noces, je me suis contenté de rester chez moi et de cesser de lui envoyer la pension. Elle ne s'est plus jamais manifestée.

Malgré ces deux mésaventures, dont j'ai d'ailleurs peu souffert et que j'avais pratiquement oubliées, je laisse toujours mes partenaires s'occuper des précautions à cet égard. Ce n'est que lorsque je couche avec une femme jeune ou naïve que je m'en soucie. Mais cela ne m'arrive pas souvent. Pour ne pas dire jamais.

Avec Judith et Laurette, j'avais affaire à des femmes mûres, qui ne pouvaient faire autrement que de prendre leurs précautions. Qu'avait-il pu se passer ? Une pilule oubliée ? Un cycle mal calculé ? À moins qu'elles n'aient vraiment voulu un enfant de moi ?

De Judith, cela m'étonnerait. Elle est femme de carrière, même si sa carrière est tout à fait mineure, et un enfant ne serait sûrement pas bienvenu. De Laurette, mariée sans enfant, c'est une autre histoire.

Bien que mon journal me semble impubliable depuis qu'Alice Brodeur y a fait son entrée, j'ai envie de raconter mon aventure avec Laurette. Ou plutôt non : c'est justement parce que ce journal ne pourra pas être publié que je peux y parler d'elle.

Avec un nom pareil, Laurette Larose ne pouvait être que fleuriste. Comme de fait, elle possédait avec son mari une petite boutique de fleurs, rue Saint-Denis : *Au Nom de Larose*.

Un jour, Judith Archambault était tombée malade. Un truc aux ovaires — je ne connais rien à ces choses et je m'y intéresse peu. Elle m'avait annoncé qu'on l'opérait deux jours plus tard et m'avait interdit de lui rendre visite à l'hôpital. Larry Sirois avait promis de passer la voir, et elle craignait qu'il ne soupçonne quelque chose s'il me rencontrait là.

J'ai décidé de lui envoyer des fleurs, en signant discrètement « B. »

Je suis passé au *Nom de Larose* commander un bouquet de fleurs champêtres. J'ai demandé à la fleuriste d'écrire la carte de sa main, car il ne fallait pas que mon écriture fût reconnue. Elle a semblé trouver cela excitant, a pris un petit carton et attendu ma dictée.

—Écrivez : « J'aimerais être avec toi plutôt que ces fleurs. J'aimerais t'avoir au plus tôt tout près de mon cœur. » Signez : « B. »

Elle m'a fait répéter le message lentement, tandis qu'elle le transcrivait patiemment, en tirant la langue, si lentement que j'ai eu le temps de prendre conscience de l'insondable banalité de mes deux phrases. Elle m'a tendu le carton.

C'était tout à fait insignifiant. Et dépourvu de toute trace de sincérité. Mais je me suis contenté de faire corriger l'orthographe.

—Plutôt : vous avez écrit le premier « plutôt » « plus tôt ». C'est plutôt en un mot : p-l-u-t-ô-t.

Elle a paru un peu vexée en déchirant la carte. Mais elle a repris son sourire professionnel et m'a demandé de lui dicter le texte une nouvelle fois. Je lui ai signalé que le deuxième « plutôt » s'épelait bien, lui, « plus tôt ». Cette fois, ce fut impeccable.

Je lui ai donné le nom de l'hôpital et celui de la destinataire. Elle m'a aussi demandé mon nom, mon adresse et mon numéro de téléphone, qu'elle a consignés sur la facture, en promettant de ne pas joindre celle-ci au bouquet.

Jamais Judith n'a mentionné ces fleurs. J'en ai déduit qu'elle en avait été satisfaite ou que, si elles lui avaient déplu, cela n'avait été que modérément. À moins qu'il n'y ait eu un autre « B » dans sa vie ?

J'avais complètement oublié la fleuriste, lorsque celle-ci me téléphona quelques semaines plus tard.

—Je suis Laurette Larose, d'*Au Nom de Larose*, les fleuristes de la rue Saint-Denis. Vous vous souvenez ? J'avais écrit « plutôt » en deux mots.

—Oui, oui, je me souviens.

—Le bouquet était bien ?

—Je suppose. Je ne l'ai jamais vu.

—Ah bon.

J'ai senti que ma réponse était une clé pour la suite de la conversation. Si j'avais répondu autrement, la fleuriste aurait été prête à changer de sujet.

—Écoutez, mon mari vient d'entrer à l'hôpital, et je cherche un petit poème à lui mettre avec son bouquet. Mais je n'y arrive pas. Je n'ai jamais été bonne en composition française. Est-ce que vous pourriez m'aider ?

—Je ne demande pas mieux, mais...

Elle a insisté pour m'inviter à dîner au restaurant. J'ai deviné qu'elle voulait peut-être plus — ou à tout le moins autre chose — que deux lignes de poésie rédigées par un romancier dont elle n'avait jamais entendu parler.

Effectivement, elle n'a été satisfaite que lorsqu'elle m'a eu dans son lit. Et je m'y suis retrouvé chaque nuit que son mari resta à l'hôpital. (Soit dit en passant, le texte du « poème » que j'ai composé à l'intention du malade était simplement : « Personne ne t'aime autant que je t'aime quand je t'attends. » C'était la seule de mes suggestions, d'après Laurette, que son mari pût croire écrite par elle. Et c'était aussi peu sincère que mon mot à Judith.)

Les Larose habitaient Longueuil, où Laurette m'emmenait dans sa voiture — une Renault rose marquée « Au Nom de Larose ». Elle insistait pour que je m'étende sur le plancher derrière les sièges lorsque nous arrivions dans sa rue et que j'y reste tant qu'elle n'avait pas refermé la porte du garage derrière nous.

Elle avait peu de conversation, comme on dit, mais parlait sans arrêt. Tant que dura l'hospitalisation de son mari, elle a insisté pour passer me cueillir tous les soirs vers neuf heures trente, à la fin des heures de visite, m'emmener dans le lit conjugal et me ramener chez moi vers minuit ou une heure. Durant nos deux ou trois heures ensemble, elle était déchaînée. Pourtant, elle affirmait être frigide avec son mari. (Je ne me sentais aucunement flatté, car je n'étais pas sûr de la croire, m'étant toujours méfié de ce que disent les femmes qui nous savent vaniteux au chapitre de nos performances sexuelles.)

Cela a duré deux semaines, pendant lesquelles, à ma connaissance, Judith n'est jamais venue sonner à ma porte. Le mari de Laurette est enfin sorti de l'hôpital. Judith est redevenue pour un temps la seule et unique femme de ma vie, même si elle ne l'était que par intermittence.

Laurette ne m'a rappelé que lorsque son mari, parfaitement rétabli, est parti pour un voyage de pêche, quelques mois plus tard.

Je l'ai revue encore quelques fois, lorsque Julien Larose s'absentait. Je recevais plus souvent la visite de Judith, lorsqu'elle avait trop bu ou sentait le besoin d'une épaule sur laquelle s'appuyer (les deux coïncidaient plus souvent qu'autrement).

À Judith, je n'avais rien dit de Laurette. À celle-ci, j'avais laissé entendre que la destinataire du bouquet n'était qu'une cliente.

Il y avait un point commun entre les deux femmes : ni l'une ni l'autre ne m'autorisait à lui téléphoner ou à passer la voir à l'improviste.

Judith était rarement chez elle et était une maniaque du répondeur téléphonique. Même lorsqu'elle y était, elle décrochait rarement le téléphone avant d'avoir reconnu la voix qui l'appelait. Et souvent, à tort ou à raison, je l'ai soupçonnée de ne pas répondre parce que c'était la mienne.

Quant à Laurette, même lorsque son mari était à l'hôpital ou à la pêche, elle me suppliait de ne lui téléphoner ni à la maison ni à la boutique. «On ne sait jamais, avec les hommes», disait-elle.

Ainsi, je répondais aux besoins des deux femmes lorsqu'elles se sentaient seules. Lorsque moi j'avais besoin de compagnie, je ne pouvais m'adresser ni à l'une ni à l'autre. (Il n'est pas sûr que je l'aurais fait si j'avais pu ; mais j'aurais apprécié en avoir la possibilité.)

J'ai même été surpris qu'à l'annonce de mon départ toutes les deux m'aient fait à peu près la même crise de larmes.

Cela ne m'a pas empêché de partir. Au contraire, cela m'a convaincu de fuir sans tarder. En avais-je assez d'être un homme-objet, ou plutôt un homme en attente, aussi inutile qu'un radiotéléphone qui ne sonne pas ? Ou partais-je à la recherche de nouvelles aventures ?

J'ai expliqué à Judith et à Laurette comment me laisser un message. Si l'une d'elles veut me parler, elle n'a qu'à me dire de la rappeler à tel numéro, telle heure, tel jour. Je rappellerai sans faute au moment demandé. À condition, bien entendu, que je ne confonde plus leurs voix.

Quand, tout à l'heure, j'ai enfin téléphoné au *Nom de Larose*, à six heures, avec un jour de retard, Laurette a répondu. Je n'ai eu que le temps de dire :

— C'est moi...

—Vous avez le mauvais numéro.

Elle a raccroché.

Je n'avais pas de chance : son mari était là, à côté d'elle.

J'ai décidé de ne plus me casser la tête, ni avec Laurette ni avec Judith : j'attendrai qu'elles me laissent un nouveau message. Si elles ne daignent pas m'en laisser, tant pis.

Le 28 octobre 1988

On a encore dégonflé deux pneus de la Mustang. Ceux du côté gauche, cette fois. La possibilité d'un défaut de fabrication, qui avait commencé à m'effleurer, est définitivement hors de cause.

Je les ai regonflés péniblement, les mains engourdies dans le petit matin exceptionnellement froid.

Ce soir, je passerai la nuit dans les broussailles et je débusquerai le coupable.

Le 29 octobre 1988

Je suis parvenu à rester bien éveillé, mais mon persécuteur ne s'est pas manifesté.

Lorsque le soleil s'est enfin levé et que je m'apprêtais à aller me coucher, j'ai entendu des cris lointains. J'ai franchi les dunes par le sentier qui mène à la plage du côté de Pensacola. Je ne voyais personne. J'ai fini par comprendre que les cris venaient de la base navale, de l'autre côté de la baie.

Je suis allé chercher les jumelles et j'ai observé quelques centaines de militaires qui faisaient leurs exercices matinaux. Ils accompagnaient leurs mouvements de séries de brefs cris scandés, qui se terminaient par une espèce de grande clameur victorieuse, comme si leur dernier ciseau avait mis l'Armée rouge en déroute.

Je me suis mis au lit vers huit heures. Mais un voisin engueulait sa femme et m'a empêché de dormir. Je n'ai entendu que des bribes de sa querelle, mais il me semble qu'il insistait sur son droit de prendre quatre « drinks » quand ça lui plaît.

Incapable de fermer l'œil, j'ai sorti le Macintosh sur la table, dehors. Et j'ai pu travailler à peu près tranquille jusqu'au moment où le voisin gueulard est venu voir ce que je faisais.

C'est un beau spécimen du mâle américain, avec un ventre énorme, porté haut comme celui d'une femme enceinte de sept mois.

De nos dix minutes de conversation, je retiens surtout qu'il méprise tout le monde et qu'il votera pour l'amendement exigeant que l'anglais devienne la langue officielle de la Floride, parce que ça va coûter une fortune d'avoir des écoles espagnoles. Lorsque je lui ai dit que je comprenais mal comment des écoles espagnoles pourraient coûter plus cher que des écoles anglaises, il m'a tourné le dos et est rentré chez lui, dans une immense caravane où il a aussitôt clamé bien haut à sa femme qu'il avait parfaitement le droit de prendre un sixième verre si ça lui chantait.

Il m'a semblé entendre des coups, mais je n'en suis pas sûr. Les pleurs de femme n'ont toutefois pas été le fruit de mon imagination.

J'oubliais d'écrire que j'ai reçu un appel de Larry Sirois sur mon radiotéléphone avant-hier. Il voulait simplement savoir si tout allait bien et si je suivais toujours mon itinéraire fidèlement, au cas où son contrat finirait par aboutir. J'ai répondu oui aux deux questions, alors que je commençais à songer à changer mes plans. Les plages des environs sont parmi les plus belles que j'aie vues jusqu'à maintenant — avec une eau turquoise et un sable tout blanc, de silice qui crisse sous les pieds. Je resterais volontiers ici deux semaines au lieu d'une. J'aurais dû dire à Larry que je prolongerais mon séjour à cet endroit. Mais rien ne m'empêche de le rappeler si je décide de rester une semaine de plus.

Quant à Alice Brodeur, il ne m'est plus possible de la soupçonner. C'est plutôt moi que je soupçonnerais d'une attitude paranoïaque à son endroit. En relisant mes notes, je dois reconnaître que j'ai bien vite sauté aux conclusions. Rien ne prouve qu'elle connaissait Judith Archambault. Et il est tout à fait normal que nous nous soyons trouvés aux mêmes endroits aux mêmes moments : des milliers de Québécois prennent la direction du Sud à l'approche de l'hiver et voyagent sans se presser ; il était inévitable qu'on se retrouve de loin en loin.

Je me jure que si jamais j'attrape le véritable coupable, je le lui ferai payer cher. Et si je retrouve Alice Brodeur saine et sauve, je serai prêt à tout pour me faire pardonner. D'autant plus qu'avec son aide sociale et mes revenus nous pourrions très confortablement fuir l'hiver tous les hivers.

Ocean Springs
(Mississippi)

Le 31 octobre 1988

Je venais tout juste de quitter le parc national et ses énormes camping-cars au pare-chocs avant plus souvent qu'autrement orné d'une plaque prétendument humoristique, du genre : «À la retraite. Pas de travail. Pas de patron. Pas d'emmerdements. Pas de salaire.» Ou : «Je gaspille l'héritage de mes enfants.»

Sur la route qui longe la plage en direction du pont reliant l'île au continent, j'ai aperçu la silhouette d'un auto-stoppeur. Je n'en avais encore jamais pris avec moi. Je ne me souvenais même pas d'en avoir vu — comme si on n'avait en Amérique qu'une alternative : posséder une voiture ou rester chez soi.

C'était un homme de taille moyenne, à la barbe grisonnante, avec un sac sur le dos et une mallette de toile à ses pieds. Il semblait relativement propre et parfaitement inoffensif.

Je me suis arrêté et lui ai fait signe de monter à l'arrière, car le siège avant était encombré de cartes et de guides de voyage. Je lui ai demandé où il allait.

—De préférence vers l'ouest, m'a-t-il répondu en anglais. Mais ça n'a pas tellement d'importance.

L'homme parlait un anglais hésitant, avec un accent évident. Il prononçait les «th» comme des «z», à la manière des Français.

—D'où êtes-vous ?

—Je suis né en France, mais je vis au Canada depuis longtemps.

Je l'ai regardé plus attentivement, dans le rétroviseur. J'avais déjà vu ce type-là quelque part.

—On se connaît? ai-je encore demandé, en français cette fois.

Je me suis efforcé de tourner un peu la tête tout en gardant le coin des yeux sur la route. Mon passager avança la sienne par-dessus le dossier pour mieux me voir, lui aussi.

—Mauro!

Il y avait une bonne dizaine d'années que j'avais perdu de vue Sébastien Mauro. Nous nous étions connus lorsque j'étais chef de la rédaction chez MTL — Meloche, Taillon, Lalonde —, à l'époque où c'était encore une petite agence de publicité. Je l'avais embauché comme rédacteur. Mais je n'avais été son patron que pendant quelques mois. Sûrement pas plus d'un an, en tout cas. Il était visiblement incapable d'écrire de la publicité au Québec, car il ignorait tout de nos caprices linguistiques. Par exemple, il m'avait un jour apporté un texte destiné à vanter les tarifs familiaux, coiffé du titre: «Partez en famille, avec Québecair». Pierre Meloche et moi, nous en avions ri longtemps avant de lui expliquer que notre client n'accepterait jamais de faire la promotion de la natalité.

Tandis que nous roulions vers Pensacola, Sébastien Mauro m'a raconté que, depuis qu'il a quitté MTL, il a travailloté à la pige pendant quelques années, sans trop se forcer. Cet été, il a décidé (comme moi) de prendre sa retraite. Décision d'autant plus facile qu'il ne gagnait presque rien.

Bien entendu, je ne lui ai pas dit que Larry Sirois m'avait téléphoné, il y a deux ans, pour me demander si je connaissais un Sébastien Mauro, qu'il songeait à embaucher comme rédacteur adjoint. Je lui avais expliqué qu'à mon avis Mauro était trop français pour y arriver. Larry ne l'avait pas engagé et n'avait trouvé personne d'autre, ce qui faisait bien mon affaire, puisque je le soupçonnais de vouloir éventuellement me remplacer à moindre coût par son «rédacteur adjoint».

Sébastien prétend vivre avec vingt dollars par semaine. Il est arrivé à Pensacola en compagnie d'un couple de retraités qui remorquaient derrière leur camping-car éléphantesque un Westfalia pour aller faire les courses et ce qu'ils appelaient du camping sauvage. Il a dormi quelques nuits sur la plage. En cas de pluie, il se serait réfugié dans un des abris pour pique-niqueurs.

D'une certaine manière, j'envie le genre de tourisme qu'il pratique — et qui me rappelle celui d'Alice Brodeur, en plus minimaliste encore.

Je lui ai offert de continuer avec moi jusqu'à La Nouvelle-Orléans, où je compte me rendre en deux ou trois jours. Il a accepté.

En traversant Pensacola, j'ai fait un arrêt au supermarché. Sébastien a proposé d'acheter de quoi souper. J'ai payé le vin.

Il a pris une boîte de corned-beef, une boîte de tomates étuvées, deux grosses pommes de terre, un oignon et une petite boîte de maïs en grain. J'ai choisi une bouteille de Pouilly-Fuissé, qui est, avec le Mouton-Cadet, un des rares vins français qu'on trouve un peu partout aux États-Unis.

Nous avons repris la route, emprunté un traversier entre le fort Morgan et l'île Dauphin, dans le sud de l'Alabama. Le traversier coûtait douze dollars, plus un dollar par passager. Sébastien a offert de payer son dollar. J'ai refusé, en espérant que mon compagnon protesterait. Mais il n'a pas insisté.

Lorsque nous sommes arrivés, vers cinq heures de l'après-midi, au camping du «rivage national des îles du Golfe, secteur Bayou Davis», à quelques kilomètres à l'est de Biloxi, le bureau d'inscription était fermé, mais une affiche précisait qu'il n'ouvrait que de six à huit heures du soir, les voyageurs arrivant hors de ces heures étant priés de s'installer et de s'enregistrer plus tard.

Sébastien a sorti de son sac un cahier jaune où il a griffonné quelque chose.

—Qu'est-ce que tu as écrit?

—«Gulf Island National Seashore, secteur Bayou Davis. Arriver après huit heures du soir et partir tôt.» Si jamais je reviens ici tout seul, j'arriverai vers neuf heures et je repartirai avant le passage des *rangers*.

Ainsi, il ne paiera pas un sou. Je suis sincèrement épaté que des gens comme lui et Alice Brodeur réussissent à s'en tirer à si bon compte, tandis que je paye toujours pour tout. Mais cela ne m'empêche pas de prendre note de l'observation de Sébastien. Si jamais, un jour, l'inflation me force à voyager à moindres frais...

Tandis que je dételais la caravane, Sébastien déroulait son sac de couchage sous l'arbre le plus touffu.

—Si tu veux, ai-je proposé en pensant qu'il refuserait, tu peux coucher par terre dans la caravane.

Sans un mot, il a ramassé son sac de couchage et l'a déposé dans la caravane. Il m'a demandé ensuite si j'avais un livre à lui prêter. Je lui ai dit qu'il en trouverait une pleine boîte dans le coffre de la voiture.

Après avoir passé de longues minutes à fouiller dans ma bibliothèque, il est revenu sans un livre, pour s'adosser à un arbre où il a fait une courte sieste. Apparemment, nous n'avons pas les mêmes goûts littéraires. J'avais espéré qu'il aurait la curiosité de lire un de mes romans — j'ai un exemplaire de chacun.

Vers sept heures, il a entrepris de faire le souper. Il a épluché les pommes de terre et l'oignon, les a coupés en petits morceaux, a ouvert les trois boîtes de conserve et jeté tous les ingrédients dans mon autocuiseur, avec un peu de moutarde. Il a fait cuire le tout pendant une dizaine de minutes et a servi.

Ce n'était pas mal du tout, arrosé de Pouilly-Fuissé.

J'ai fait un bref calcul: un dollar de corned-beef, soixante-quinze cents de tomates, quarante de maïs, soixante-quinze de pommes de terre — cela faisait moins de trois dollars, alors que la bouteille de Pouilly-Fuissé m'en a coûté plus de dix. Je

me suis fait avoir. Mais moins que si le « hachis de corned-beef
à la Mauro » n'avait pas été mon meilleur repas depuis Montréal.

La Nouvelle-Orléans
(Louisiane)

Le 2 novembre 1988

On me verra peut-être un jour au cinéma ou à la télévision, dans je ne sais quel film ou quelle émission éminemment médiocre.

Alors que je marchais rue Bourbon, à La Nouvelle-Orléans, un homme est passé près de moi et m'a dit : «Ne traversez pas la rue et ne regardez pas la caméra.» Celle-ci, à cent mètres devant moi, était perchée sur une grue et, pendant que je continuais de mon pas tranquille en m'efforçant de ne pas la regarder de façon trop ostensible, elle a fait un mouvement de spirale : elle est partie d'une douzaine de mètres dans les airs et est descendue jusqu'au sol en faisant un tour complet sur elle-même. Je suis prêt à parier que ce plan ridicule, si jamais il passe à la télévision ou au cinéma, me fera paraître ridicule par association. Je poursuivrai les producteurs.

Dans une autre rue, une dizaine de voitures de police ayant participé à une scène de poursuite étaient garées de façon fort fantaisiste (deux d'entre elles reposaient à l'envers, et une sur le côté). Presque toutes avaient, peints en trompe-l'œil, des trous de balles dans les ailes et les portes.

J'ai quand même passé un après-midi agréable, à visiter le Vieux Carré, à boire une bière par-ci, à manger un «po-boy» (espèce de gros sandwich dégoulinant de sauce) par-là, à m'offrir une demi-douzaine d'huîtres un peu croquantes comme on en trouve dans le Sud et qui sont servies sans leur jus. À l'église Saint-Louis-roi-de-France, je me suis étonné qu'on ait osé mettre un drapeau américain à côté de l'autel.

J'ai écouté quelques musiciens des rues, qui reprenaient les grands succès du jazz pour les touristes — en particulier l'incontournable *When the Saints Go Marchin' in*. Je n'ai donné un sou à personne, sous prétexte que je ne suis pas un touriste comme les autres, d'autant plus que mon budget m'interdit les dépenses superflues.

En fin d'après-midi, mon budget a souffert plus intensément, lorsque je suis entré dans une boîte où un groupe de jazz prétendument connu — The Dukes of Dixieland — jouait près de la porte d'entrée. Je me suis assis, j'ai commandé une bière (à quatre dollars !), mais, avant même que j'aie eu le temps d'y plonger les lèvres, les soi-disant célèbres musiciens faisaient une pause qui dura au moins jusqu'à ce que j'aie terminé ma bière.

En rentrant au camping, j'ai fait un arrêt au supermarché, pour acheter des provisions, de la bière et du vin. Et un cahier d'écolier que Sébastien m'a demandé de lui acheter pour remplacer celui qu'il vient de terminer. (Il avait refusé de m'accompagner en ville, sous prétexte qu'il manquait d'argent. Peut-être espérait-il que je lui en prête — à fonds perdu ?)

Il faisait noir quand je suis revenu à la caravane. Sébastien avait fait un grand feu de camp avec le bois abandonné par d'autres campeurs.

Il n'a accepté aucun morceau du poulet grillé que je lui ai offert. C'est tout juste s'il a goûté à la brioche graisseuse que j'ai achetée pour le dessert d'aujourd'hui et le petit déjeuner de demain.

—Tu t'es bien amusé ?

—Oui, a-t-il répondu laconiquement.

Ce fut notre conversation la plus intime de la soirée.

Le 3 novembre 1988

Je décerne aux douches du parc d'État de Saint Bernard, à trente minutes à peine du centre de La Nouvelle-Orléans, le titre de «meilleures douches des États-Unis d'Amérique», à cause de leur pomme très grosse d'où jaillissent de nombreux filets d'eau qui ne pincent pas la peau. Il faut toutefois veiller à ne pas les utiliser trop tôt le matin et attendre que l'eau, sous l'effet de capteurs solaires lents à démarrer, soit assez chaude.

Avant la douche, je suis allé courir dans les environs. Mais le Mississippi était caché par une haute jetée sans doute destinée à prévenir les inondations.

Tout près de la route, un chenil. Des chiens semblaient aboyer dans ma direction, avec la dernière férocité. Mais je n'entendais presque rien — à peine des cris étouffés, comme s'ils venaient de chiots dix fois plus petits ou cent fois plus loin. Je suppose qu'on leur a coupé les cordes vocales.

Quelle est l'utilité des chiens muets? Elle m'est aussi mystérieuse que celle des produits de la Elevating Boats Inc., qui a son usine près de là: des bateaux tout neufs, de la taille de remorqueurs, amarrés le long d'un petit canal. Plusieurs d'entre eux justifient le nom de la compagnie qui les fabrique, car ils sont bel et bien hissés dans des poteaux — un à l'avant et deux à l'arrière. De grandes bagues les maintiennent ainsi à quelques mètres au-dessus du sol. Peut-être cela leur permet-il de se garer à l'abri de l'eau salée ou des tornades?

En rentrant au camping, curieux d'en savoir plus long, j'ai demandé à la *ranger* de service si elle savait à quoi servent les «elevating boats». Elle l'ignorait. Elle savait seulement que le propriétaire de la Elevating Boats Inc. a été le donateur du terrain sur lequel le parc a été établi.

À quelques emplacements du nôtre, un père et son fils de cinq ou six ans font du camping dans deux petites tentes basses, de type militaire, à motif de camouflage. Leurs combinaisons aussi sont camouflées. Et ils portent des bérets noirs. Ils n'ont pas de voiture; je suppose que la mère de l'un et épouse de l'autre est venue les reconduire ici pour une opération de survie destinée à initier son enfant, dès l'âge le plus tendre, aux plaisirs de la vie militaire.

Le 4 novembre 1988

Hier soir, j'ai encore invité Sébastien à m'accompagner à La Nouvelle-Orléans. À ma grande surprise, il a accepté.

Nous y étions à huit heures, et les rues étaient alors plus animées que lorsque j'en étais parti, l'autre fois.

Nous avons longuement marché, rue Bourbon. Souvent, Sébastien s'arrêtait devant une porte ouverte, prêtait l'oreille à la musique, s'enquérait du prix des consommations.

Finalement, je l'ai suivi dans une toute petite boîte où deux musiciens noirs — un chanteur de blues chauve et un pianiste à chapeau rond — donnaient leur numéro pour un public minuscule.

La bière ne coûtait qu'un dollar et demi, et j'ai insisté pour payer la première tournée. Sébastien a payé la seconde. Mais le chanteur et le pianiste ont alors été remplacés par une grande chanteuse blonde qui s'est installée au piano et s'est mise à interpréter les grands succès du répertoire américain des comédies musicales. Le pianiste noir est venu s'asseoir au bar à côté de Sébastien. Ils ont échangé quelques mots. Puis le musicien a avalé sa bière d'un trait et s'en est allé en parlant tout seul.

—Qu'est-ce qu'il t'a dit?

—Qu'il y a trois pianistes dans la boîte et qu'il est le seul à ne pas savoir lire la musique, mais que tout le monde dit qu'il est le meilleur.

Il était presque dix heures lorsque nous sommes ressortis rue Bourbon. Nous nous sommes promenés dans d'autres rues du Vieux Carré. Puis, tout à coup, je me suis rendu compte que Sébastien n'était plus à côté de moi.

Il était peut-être retourné au bar précédent. J'ai donc retrouvé de peine et de misère le bar alors rempli de touristes et je suis resté debout dans l'entrée, bousculé par les gens qui entraient et sortaient. À minuit, vaguement gris, je me suis dit qu'il était temps de rentrer. Et que Sébastien Mauro était assez grand pour retrouver tout seul le chemin du camping.

Ce matin, j'ai dormi plus tard que de coutume et me suis levé avec une légère gueule de bois. Sébastien n'était pas là. Je me suis fait des œufs brouillés et j'ai bu un verre de jus d'orange.

Il est enfin arrivé, vers midi.

—Où étais-tu passé?

—Nulle part. J'ai rencontré une fille.

Je l'ai regardé en espérant qu'il en dirait plus long. Mais il n'a rien ajouté. Il a pris son sac de couchage dans la caravane et l'a étendu dans le bois, où il a dormi tout l'après-midi.

De toute évidence, s'il avait passé la nuit au lit, ce n'était pas à dormir.

Le 5 novembre 1988

Quand je me suis réveillé, ce matin, Sébastien était parti. Envolé sans dire un mot. Un bref instant, j'en ai ressenti du soulagement. Puis je me suis demandé ce que j'avais pu faire pour chasser mon compagnon de voyage. Avais-je dit ou fait quelque chose qui lui aurait déplu?

Après trente minutes, je m'ennuyais déjà de lui. Ou plutôt non. Il est difficile de s'ennuyer d'un type aussi taciturne que

Sébastien Mauro. Je m'ennuyais plutôt d'une présence humaine près de moi. Je suppose que si je possédais un chien, je finirais par développer ce besoin d'une présence silencieuse et discrète.

Peut-être n'était-il pas trop tard pour le rattraper? Un type avec une mine pareille, ça n'a pas nécessairement un stop en cinq minutes.

J'ai sauté dans la Mustang. À la sortie du camping, fallait-il prendre à droite ou à gauche? J'ai pris à gauche, en me disant que nous étions venus de la droite et que Sébastien avait sans doute préféré aller là où il n'était pas encore passé.

Après quelques minutes sur la route qui longe le Mississippi, j'ai aperçu la silhouette de Sébastien, avec son sac sur le dos et sa mallette à ses pieds, qui attendait devant la file de voitures, près du quai d'un traversier.

J'ai garé la Mustang sur le bord de la route et j'ai marché jusqu'à lui.

—Salut, Sébastien. Est-ce que j'ai fait quelque chose?

Sébastien m'a regardé sans comprendre.

—J'ai dit quelque chose qui t'a déplu?

—Non, non. Ce matin, j'ai tout simplement eu envie de partir.

—Tu aurais dû me le dire.

—Je ne voulais pas te réveiller.

—Je sais bien, mais de toute façon, j'allais partir après-demain, comme tous les lundis. On peut s'en aller tout de suite, si tu veux.

Sans dire un mot, Sébastien a lancé ses bagages sur la banquette arrière de la Mustang, et nous sommes rentrés au camping.

Je lui ai raconté les ennuis que j'ai eus avec mes pneus et l'épisode de la caravane détachée. Bien entendu, j'ai escamoté l'histoire avec Alice Brodeur.

Depuis que Sébastien est là, je dors tranquille. Je peux aller faire mon jogging sans craindre pour la voiture ou la caravane. Et depuis une semaine, je n'ai pas eu le moindre ennui.

Il a accepté de rester. À une condition : que je le lui dise si jamais il me dérange ou si j'en ai assez de lui.

J'ai promis.

Grand Isle
(Louisiane)

Le 6 novembre 1988

C'est la première fois de ma vie que je campe directement sur la plage, et j'en retire à la fois un plaisir enfantin et une forte dose de déception.

Les emplacements des campeurs dans ce parc d'État de Grand Isle ne sont équipés ni de robinets, ni de prises électriques, ni de bouches d'égout. C'est tout juste s'il s'y trouve cet accessoire essentiel des campings nord-américains : la table de pique-nique. Les douches, logées dans un bâtiment sur pilotis, à une centaine de mètres en retrait, sont froides. Nous sommes survolés à toutes les cinq minutes par des hélicoptères qui font bruyamment la navette entre la terre ferme et les plates-formes pétrolières dessinant à l'horizon une ligne presque ininterrompue. L'eau du golfe du Mexique est en cet endroit sale et boueuse en plus d'être glacée. La plage est encombrée d'ordures et de débris. Pour couronner le tout, j'ai découvert, en allant courir sur la plage, deux cadavres de dauphins sanguinolents qui pourrissent en dégageant une odeur abominable.

Mais on dîne et on dort à vingt pas des vagues. Le vent souffle sans arrêt et chasse les mouches et les moustiques. Il fait très beau. Vers cinq heures, les hélicoptères ont cessé leur activité et le bruissement de la mer est redevenu constant. Sébastien, lui, s'est baigné, s'est douché, semble apprécier cet endroit et m'aide à chasser ma première impression défavorable.

D'autant plus que nous sommes presque seuls dans le camping. Nos uniques voisins sont un couple de retraités tout fraîchement arrivés, qui ont déjà réussi à enliser dans le sable leur monumental camping-car. Sébastien est allé leur offrir de l'aide. Mais ils sont membres d'un club qui leur donne droit au dépannage gratuit, même en ce quasi-bout du monde.

Au coucher du soleil, je comprends mieux qu'Eugène Delacroix, venu ici au siècle dernier, ait qualifié cet endroit de paradis insulaire ou d'île paradisiaque (le panneau du centre d'interprétation qui rapporte ses propos ne le cite qu'en anglais : «island paradise»).

Un tracteur arrive pour dépanner nos voisins et gâcher encore le silence. Delacroix avait de la chance d'être venu ici avant l'invention du moteur à explosion.

Le 7 novembre 1988

Ce matin, dès six heures, une cacophonie infernale m'a réveillé. Des hélicoptères volaient dans tous les sens. Au loin, dans un système de haut-parleurs, une voix féminine nasillarde hurlait des ordres dont je ne comprenais pas un mot. Des bateaux au grondement grave et persistant se faisaient entendre au large.

Le tout donnait l'impression d'une guerre, rien de moins.

J'ai tiré le rideau et regardé dehors. Il ne faisait pas encore tout à fait jour. Sébastien était déjà debout et faisait mine, comme un enfant qui joue au soldat, de tirer sur les hélicoptères avec un fusil.

Je me suis levé à mon tour.

—Ça n'a pas de bon sens, un bruit pareil, ai-je dit pour sympathiser.

—Ce n'est pas bien grave. C'est lundi, changement d'équipe. Ils devraient être plus tranquilles demain.

J'espère qu'il a raison.

Le 8 novembre 1988

Sébastien ne s'était pas trompé : les hélicoptères étaient presque tranquilles, ce matin.

Et nous avons repris la routine qui commence à s'installer depuis que nous voyageons de concert. Pendant que je vais chercher le journal, il prépare le café, que nous buvons généralement ensemble. Ensuite, je vais faire mon jogging sur la plage, tandis que Sébastien part invariablement dans l'autre direction avec mes jumelles. Je fais exprès de changer de direction chaque matin. Lui aussi. Nous ne nous voyons presque plus avant l'heure du souper. En principe, nous nous chargeons à tour de rôle de l'achat et de la préparation du principal repas de la journée. À midi, nous nous débrouillons chacun de notre côté.

Pas particulièrement doué pour la cuisine, je suis devenu le spécialiste des biftecks, côtelettes d'agneau et autres grillades — tandis que Sébastien est expert en tout ce qui ne coûte pas cher : pâtes, riz, crevettes (qu'il trouve à trois dollars la livre chez un grossiste qui lui en met jusqu'à un kilo pour ne pas se donner la peine de remettre au réfrigérateur celles qu'il a sorties en trop).

Bien entendu, mes gros biftecks coûtent cinq fois plus cher que les repas bon marché de Sébastien. Et ils sont presque toujours moins bons.

J'attends qu'il m'offre de préparer tous les repas, et je serais prêt à lui confier mon budget hebdomadaire consacré à la nourriture. Hier, il a seulement dit que ce n'était pas juste qu'il fasse toujours des repas peu coûteux alors que je paie le gros prix pour mes grillades.

—C'est parce que je ne sais rien faire d'autre, ai-je expliqué en espérant qu'il saisirait l'occasion.

Il n'a rien ajouté. Nous n'en avons plus parlé.

L'après-midi, je m'efforce d'écrire un peu. Sébastien repart avec ou sans les jumelles. S'il a le malheur, à son re-

tour, de voir que je fais encore minc de travailler à mon ordinateur, il s'éloigne aussi prestement que si j'écoutais du *heavy
metal* avec des haut-parleurs de mille watts. J'ai l'impression
que rien ne lui tombe plus sur les nerfs que de me voir à
l'œuvre. Au moins, il a l'élégance de ne pas dire un mot.

Et je dois reconnaître que, même si je trouve mon compagnon peu loquace, je l'apprécie plus que s'il était trop bavard.
D'autant plus que l'impression de solitude et de crainte que
j'avais ressentie en Floride s'est dissipée.

Même mes pneus s'en portent mieux.

Le 9 novembre 1988

C'était hier jour d'élections présidentielles.

Seul signe que ce n'était pas un jour comme les autres : la
présence, sur la plage, d'enfants dont les écoles étaient fermées.

En ville, je suis allé au bureau de scrutin, installé dans le
local de la Légion américaine. Il y avait à la porte une repro-
duction d'un bulletin de vote, avec la marche à suivre pour
utiliser la « machine à voter ». On insère le bulletin de vote dans
un appareil muni d'un levier. Chaque possibilité est présentée
à tour de rôle, et on appuie sur le levier pour faire un X devant
les cases de son choix.

Comparé à celui de la Californie, où les électeurs ont à
choisir parmi cent quarante propositions différentes (dont une
visant à limiter à cent le nombre des propositions), le bulletin
de vote n'est pas particulièrement long, ici. Il y a l'élection du
président des U.S.A. L'élection d'un juge de la Cour suprême
de la Louisiane. L'élection d'un commissaire de la fonction
publique (une candidate s'appelle Babineaux-Blanco, mais on
ne voit que Blanco en gros sur ses affiches). Et une proposition
voulant que le comté s'adjoigne une autre parcelle de territoire.

Au camping, j'ai demandé à Sébastien, lorsque la nuit est tombée, s'il avait envie d'aller voir les résultats de l'élection à la télévision, au bar le plus proche. Il a refusé, même si j'ai offert de payer la bière.

Je suis donc allé seul au *Jo Bob*, «lounge» du restaurant *Cheramie*. Un immense téléviseur présentait un long métrage diffusé par satellite — un meurtre à toutes les deux minutes et une poursuite de voitures à tous les quarts d'heure. Personne ne s'intéressait au résultat de l'élection. Je m'en suis étonné à un jeune pêcheur cajun surnommé Tugboat et dont l'allure compacte et solide n'était pas sans rappeler celle d'un remorqueur.

Il n'a pas voté. D'après lui, aucun des buveurs réunis au *Jo Bob* ne s'en est donné la peine.

Tugboat m'a affirmé parler un peu le français. Mais je n'ai pas réussi à lui en tirer un mot.

S'il ne s'intéresse pas à la politique, il serait toutefois prêt à partir en guerre contre les Vietnamiens des environs, qui abusent de la pêche au chalut et vident l'océan. Ce qui le révolte le plus, c'est que les Vietnamiens obtiennent plus facilement que les Américains des prêts pour acheter leurs bateaux.

Je me suis étonné : les banquiers n'ont pas de cœur, en général sinon sans exception. Je voyais mal pourquoi ils prêteraient à une ethnie plutôt qu'à une autre — surtout à des étrangers.

—C'est parce que les Vietnamiens travaillent tout le temps, a avoué Tugboat. Ils vivent sur leurs bateaux et pêchent avec toute leur famille.

Donc, si j'ai bien compris, les pêcheurs vietnamiens présentent pour les prêteurs un moins grand risque que les Américains, qui travaillent moins fort, font faire leur travail par des armées d'employés et dépensent tout ce qu'ils gagnent.

—Des Vietnamiens ont tiré sur des Américains qui s'approchaient d'eux, a ajouté Tugboat. C'est vrai que les Américains leur criaient après, mais quand même ! Surtout qu'on n'est pas censé avoir des armes à feu dans les bateaux. Quand les Américains se font prendre, ils ont des amendes. Les Vietnamiens, eux, on ne leur fait rien.

Je lui ai dit qu'à mon avis la solution à ce genre de problème était politique. Il faudrait de meilleures lois pour contrôler les abus des pêcheurs ou plus de moyens pour faire respecter les règlements actuels.

Tugboat a préféré se lamenter : « On est allés les aider là-bas, et regardez ce qu'ils viennent nous faire ici. »

Un gros type à l'emploi d'Exxon s'est alors joint à notre conversation. Il prétendait avoir lu un livre sur les raisons qui ont forcé les Américains à s'impliquer dans la guerre du Viêt-nam : c'est la faute aux Français. Quand ils sont partis de ce pays, les Américains se seraient engagés à intervenir à leur place.

Je ne me suis pas gêné pour trouver cette théorie plutôt farfelue. Peut-être les Américains se sont-ils engagés envers les Sud-Vietnamiens à leur venir en aide, mais je voyais mal comment ils auraient pu en faire la promesse à la France. Et surtout comment ils se seraient sentis tenus à respecter cette promesse au point d'envoyer un demi-million d'hommes de troupe. Mais mon gros Exxonien n'en démordait pas : si les Américains ont fait la guerre du Viêt-nam, c'est à cause des Français.

Nous buvions beaucoup et sommes passés, sans heurt et sans que je me souvienne comment, du Viêt-nam à la crise des otages en Iran. Mon nouvel interlocuteur aurait, s'il avait été Jimmy Carter, envoyé trente mille *marines* pour libérer les otages — morts ou vifs.

Dans une maladroite tentative de diversion vers un sujet moins politique, j'ai répété une statistique entendue à la radio : Vancouver et Seattle sont deux villes voisines et relativement semblables ; mais on a presque deux fois plus de chances de mourir assassiné à Seattle qu'à Vancouver, et on risque cinq fois plus d'y être tué par un revolver.

La discussion s'est engagée sur le contrôle des armes à feu. Je soutenais que beaucoup d'Américains vivraient plus vieux et que beaucoup d'autres passeraient moins de temps en prison si les revolvers étaient interdits. Mon gros interlocuteur, membre de la National Rifle Association, se disait d'accord, à condition qu'on désarme d'abord les criminels.

C'est à ce moment-là, je crois, que Sébastien est arrivé. Il était tout de même un peu curieux du résultat des élections. Personne dans le bar n'en avait la moindre idée et nous nous sommes relancés dans notre discussion sur le port d'armes.

J'ai fait remarquer à mon gros défenseur des armes à feu qu'il y a tous les ans plus de meurtres dans la seule ville de Miami que dans tout le Canada. Il m'a répondu que Miami n'est pas une ville américaine, puisqu'il y a là plein de Cubains, de Colombiens et d'Haïtiens.

Le Canada, selon lui, a toujours été un pays doux et non violent. Il y est déjà allé…

—En fait, a-t-il ajouté, la seule violence que j'ai vue au Canada, c'est la bigoterie des Français vis-à-vis des Anglais.

—Sale fasciste.

Les mots m'ont-ils échappé? Je n'en suis pas sûr. Je n'ai pas l'habitude d'insulter les gens, surtout pas dans leur propre pays. Mais je crois que je me préparais depuis quelques minutes déjà à insulter mon interlocuteur et que je n'attendais plus que le moment favorable. Il me semble même que j'avais déjà choisi, lorsque nous parlions de la crise des otages ou de la guerre du Viêt-nam, l'expression «fucking fascist» (qui, j'en conviens, n'était pas particulièrement appropriée au moment où je l'ai prononcée).

J'ai reçu un verre de bière au visage (juste retour des choses, puisque je venais de payer la dernière tournée).

—Sale fasciste, ai-je répété avec la belle obstination des ivrognes.

Le gros s'est levé, s'est approché de moi. J'avais beau être assis sur un tabouret plutôt haut, mon adversaire (qui, je m'en rendais compte de façon quelque peu tardive, avait la taille d'une armoire à glace) me dépassait encore d'une tête. Il m'a lancé un coup de poing sans crier gare, juste au moment où je descendais de mon tabouret dans le vain espoir de me retrouver à sa hauteur. Son bras m'a effleuré l'oreille, sans me faire mal. Cela ne m'a pas empêché de trébucher, et je me suis retrouvé sur le dos.

C'est alors que Sébastien est passé à l'action. Il a tapoté l'épaule du gros type, qui s'est retourné à temps pour recevoir un solide coup de poing dans l'estomac. J'en ai gardé un souvenir bizarre, qui est peut-être pour une bonne part le fruit de mon imagination : je voyais le gros Exxonien de profil, et toute la graisse qui entourait son ventre sembla se déplacer vers l'arrière en faisant le tour de sa taille, puis revenir à l'avant avec une élasticité aussi remarquable que celle de la gelée de veau.

Sébastien aurait sans doute été satisfait d'en rester là. Mais son adversaire (puisqu'il avait cessé d'être le mien) tenta de se saisir de lui. Sébastien l'esquiva, puis l'atteignit d'un solide droit au visage, qu'il aurait pu, je suppose, faire suivre d'un second coup de poing tandis que le gros se touchait le nez et examinait avec stupéfaction ses doigts tachés de sang, qui auraient dû l'encourager à abandonner la partie. Au contraire, la masse de graisse fonça en direction de Sébastien, qui s'écarta prestement. Sur sa lancée, elle passa la porte et ne s'arrêta qu'une fois rendue sur le balcon, où elle n'avait apparemment pas du tout souhaité aller.

Sébastien nous regarda — moi, Tugboat et le barman. L'un de nous a-t-il fait un signe ou adopté une allure signifiant « Vas-y, continue » ? C'est possible, car Sébastien sortit à son tour sur le balcon.

L'Exxonien chancelant leva encore les poings, ce qui était sans doute la seule attitude acceptable pour un membre en règle de la N.R.A. Sébastien perça cette molle défense par deux coups rapides, un de chaque poing. Son adversaire laissa enfin tomber les bras. Sébastien prit un autre élan de son poing droit. Mais il hocha la tête et renonça à frapper.

Tugboat et le barman se précipitèrent sur le gros homme lorsqu'il s'écrasa au sol.

—On s'en va? a suggéré Sébastien en m'aidant à me relever.

Nous sommes partis en silence. J'aurais aimé faire comprendre à Sébastien qu'il y était allé un peu fort, même si son adversaire l'avait tout à fait cherché.

Je me suis contenté de murmurer un «merci» sans conviction.

Le 10 novembre 1988

Ce matin, le *New Orleans Times-Picayune* publie les résultats complets des élections. Cinquante pour cent seulement des électeurs se sont prévalus de leur droit de vote. Comme George Bush a obtenu cinquante et un pour cent des voix, cela signifie qu'un électeur sur quatre a voté pour lui. Il me semble qu'Adolf Hitler avait eu un plus fort pourcentage des voix lorsqu'il était devenu chancelier, vers 1933.

Seule consolation: le Maryland a voté en faveur d'un meilleur contrôle des armes à feu.

Le 11 novembre 1988

Il y a, à cinq cents mètres du camping, un grand quai surélevé, qui prolonge le centre d'interprétation et que je surveille de loin, tous les jours. J'y aperçois presque tout le temps la silhouette de pêcheurs à la ligne. Ce matin, enfin, il n'y avait personne.

Parfois, lorsque Sébastien achète des crevettes, je songe à en garder deux ou trois, crues, pour un jour comme celui-ci. J'ai mis celles d'hier dans mon coffre à pêche et me suis dirigé vers le quai, canne sous le bras.

Sébastien, lui, ne pêche pas. Il dit que la manière dont les pêcheurs laissent mourir les poissons est le comble de la cruauté humaine.

Je croyais avoir enfin l'occasion de pêcher sans témoins, car je me sais particulièrement maladroit. Malheur : en arrivant au bout du quai, j'ai découvert trois pêcheurs, assis ou accroupis — c'est pourquoi je ne les avais pas vus plus tôt. J'ai hésité un instant avant de décider qu'il serait encore plus ridicule de rebrousser chemin. J'ai donc assemblé ma canne et fixé au bout du fil un plomb et un hameçon, avec une crevette.

À côté de moi, un pêcheur s'est levé et a sorti de l'eau un énorme poisson chat, qui devait faire quatre ou cinq kilos et qui s'agita vigoureusement sur le quai. Le pêcheur a arraché l'hameçon de la gueule du poisson, qu'il a aussitôt rejeté à la mer.

—Vous auriez aimé l'avoir ? m'a-t-il demandé ensuite.

—Oh non, ai-je répondu alors que j'aurais justement bien aimé qu'il me le donne.

Presque aussitôt, j'ai senti une touche au bout de ma ligne. J'ai ferré. Le poisson était bien pris. Sûrement un gros. Excité, j'ai mouliné lentement pour éviter de perdre ma prise. C'était un minuscule poisson chat — enfin, minuscule en comparaison de celui que je venais de voir rejeter à la mer. J'aurais bien voulu garder le mien, qui devait peser une bonne demi-livre. Si j'en avais pris encore deux ou trois, il y aurait eu de quoi faire un repas pour deux. Mais comment garder un si petit poisson alors que mes concurrents en rejetaient des vingt fois plus gros ?

Je l'ai donc remis à l'eau. J'en ai pris encore trois comme celui-là — ou le même trois fois de plus —, que j'ai rejetés encore.

Lorsque les pêcheurs sont partis, je me suis enfin retrouvé seul et libre de garder tous les poissons qui me plairaient. Mais il ne me restait plus une seule crevette.

J'ai remballé mon matériel et je suis rentré.

À Sébastien qui ne me demandait rien, j'ai affirmé que je n'avais pas eu la moindre touche.

Le 12 novembre 1988

Hier soir, nous étions en train de souper à l'intérieur quand tout à coup j'ai remarqué qu'une vague plus forte que les autres était venue lécher les roues de la caravane. Je suis sorti. Sébastien m'a suivi.

—Ça doit être la fin de la marée, ai-je dit avec un bel optimisme.

—Pas sûr.

—Les vagues ne peuvent pas monter tellement plus haut.

—On devrait peut-être s'éloigner un peu.

J'ai regardé les deux autres caravanes garées sur la plage. Elles se trouvaient un peu plus haut que la mienne et les vagues ne les atteignaient pas.

Le plus important, c'était d'éviter que la voiture ne s'enlise. Je suis allé la garer une vingtaine de mètres plus loin, à la même hauteur que les deux autres caravanes.

Je me suis mis à la recherche du *New Orleans Times-Picayune*, qui, comme tous les journaux américains, a une pleine page de renseignements météorologiques, dont les heures des marées. Si la marée haute était achevée ou se terminait, il n'y avait rien à craindre. Si la marée devait monter encore pendant plusieurs heures, il vaudrait mieux déménager sans plus attendre. Mais j'avais jeté le journal. Je suis allé jeter un coup d'œil dans la poubelle. Elle était vide. Les éboueurs étaient passés.

Rentré dans la caravane, je regardais souvent par la fenêtre. Les vagues semblaient moins fortes, et aucune n'atteignit les roues de la caravane dans l'heure qui suivit.

—La marée est finie, ai-je annoncé joyeusement.

Quelques instants plus tard, une vague venait tout balayer autour de la caravane. J'ai ouvert la porte pour constater que cette vague s'était rendue jusqu'aux roues de la Mustang. Quant à celles de la caravane, elles s'enfonçaient de plus en plus dans le sable détrempé. Je commençais à imaginer que la caravane pouvait être emportée en pleine nuit par une vague plus forte que les autres. Ou qu'on s'apercevrait, au petit matin, qu'elle s'est enfoncée dans le sable jusqu'à l'essieu. Il faudrait alors faire venir un tracteur pour la sortir de là, à grands frais.

—Ouais, je pense qu'on ferait mieux de déménager pendant qu'il en est encore temps.

—D'accord, a fait Sébastien en refermant son cahier rouge comme s'il n'avait attendu que cela.

J'ai reculé la Mustang tout près de la caravane. Mais la boule à l'arrière de la voiture n'était pas tout à fait sous le timon.

—On va faire le reste à la main.

La caravane, avec ses roues enfoncées dans le sable, refusa de bouger même si nous poussions de toutes nos forces, à nous en donner une hernie.

J'ai repris le volant et reculé encore un peu. La boule n'était plus qu'à deux centimètres du timon. Il suffisait de faire pivoter l'avant de la caravane pour l'accrocher.

Cela nous a tout pris, à tous les deux. Enfin, la caravane a accepté de bouger suffisamment pour terminer la manœuvre.

J'ai remis le moteur en marche et appuyé tout doucement sur l'accélérateur. Les roues s'enfonçaient dans le sable. Par le rétroviseur, j'ai vu Sébastien qui poussait de son mieux. J'ai donné encore un tout petit coup à l'accélérateur. La voiture s'est mise à avancer. Ouf!

—N'arrête pas, continue! a crié Sébastien.

J'ai contourné les deux autres caravanes et je suis allé me placer entre elles et le bâtiment des douches.

Sébastien est arrivé en courant.

—Tant qu'à faire, va derrière les douches. On sera à l'abri pour de bon, avec la dune.

—Pas nécessaire. Ça va s'arrêter bientôt.

Ce matin, j'ai été le premier à sortir de la caravane. Et le premier à remarquer que les vagues s'étaient retirées, après avoir un peu dépassé le niveau de la caravane et emporté deux mètres plus loin le seau de plastique que j'avais laissé près de la porte. Les deux autres caravanes avaient disparu. En allant aux toilettes, je les ai vues, garées bien à l'abri derrière la dune.

Le 13 novembre 1988

Dimanche, jour de téléphone. J'ai envie de proposer à Judith de venir me rejoindre quelque part — à Houston, ou en Californie. Même s'il est peu probable qu'elle accepte, j'en ai parlé à Sébastien.

—Écoute, je m'en vais téléphoner à quelqu'un que j'aimerais inviter à venir me rejoindre à Houston.

—Ça ne me gêne pas.

Embarrassé, je me suis senti obligé de préciser ma pensée.

—Ce que je veux dire, c'est que la caravane est un peu petite...

—Oui, oui, j'ai compris : ça ne me gêne pas du tout de céder ma place.

Je suis donc allé téléphoner, de la cabine à l'entrée du parc. J'ai demandé le centre de messages. «Vous avez *deux* nouveaux messages», a annoncé la voix triomphalement.

Au lieu des deux messages promis, j'ai eu droit à deux longs silences.

Qu'est-ce que c'était que ça ? Un problème technique ? Ou quelqu'un qui me téléphonait sans oser laisser un message ?

J'ai fait le numéro de Judith. Je suis encore tombé sur son répondeur. Je l'ai invitée, par son entremise, à venir me rejoindre à Houston, où je serai à partir du 21. Elle n'a qu'à me laisser un message si elle est d'accord. Ou si elle ne l'est pas.

Lafayette
(Louisiane)

Le 15 novembre 1988

Le camping municipal de Lafayette, métropole du pays cajun, est ombragé, tout en pentes, sur le rivage d'un petit bayou aux eaux noires. Dans un coin du parc, un bâtiment à deux étages présente une exposition sur l'écologie des bayous.

Je suis allé à l'épicerie la plus proche acheter de la bière. Voyant que l'établissement annonçait du boudin créole, j'en ai demandé une livre. L'homme qui me sert — quarante ans, pas plus — me demande en anglais si je suis au camping, puis si je suis du Canada, et enfin si je parle français.

—Oui. Et vous, vous parlez français? lui ai-je demandé.

—Un petit peu, me répondit-il humblement avec un joli accent pointu. Assez pour tenir une conversation.

—Vos enfants?

—Un petit peu, dit-il encore, mais sur un ton moins convaincant.

Il devait s'occuper d'autres clients.

—Reviens back, me lança-t-il chaleureusement tandis que je passais la porte.

Sébastien et moi avons savouré le boudin créole. Mais j'ai des doutes sur sa valeur nutritive: beaucoup de riz et de matières grasses, m'a-t-il semblé.

Le 16 novembre 1988

J'ai invité Sébastien à m'accompagner au restaurant *Mulate*, qui se qualifie sur les panneaux-réclame de «plus célèbre restaurant cajun au monde».

Au-dessus de la porte, une marquise annonçait : «À soir, Octa Clark.»

La bière était bonne, les écrevisses à l'étouffée acceptables. Je trouvais irritante la musique du groupe cajun. Et Octa Clark n'était pas la fringuante Cajune que j'espérais, mais un vieux de quatre-vingts ans au moins. Sébastien a invité à danser presque toutes les vieilles dames du restaurant, tandis que moi, qui ne danse jamais, je buvais quelques bouteilles de bière.

Au camping, un téléphone s'est mis à sonner en pleine nuit, dans le petit musée écologique, à quelques pas de la caravane. Une vingtaine de coups, peut-être trente. Sébastien a grogné. Le téléphone a fini par se taire, pour recommencer plus tard. Sébastien s'est alors habillé sans dire un mot. Lorsqu'il est revenu dans la caravane, le téléphone avait cessé de sonner. Était-ce à cause de son intervention ? Ce matin, en voyant arriver une voiture de police suivie d'un camion de la compagnie de téléphone, j'en ai été convaincu.

Un agent est venu nous demander gentiment si nous avions entendu du bruit la nuit dernière, puisque nous sommes les campeurs les plus proches du téléphone. J'ai répondu simplement que j'avais entendu la sonnerie, mais rien d'autre. Sébastien a confirmé de la tête.

Le 17 novembre 1988

À la radio, un nommé Kermit Villeneuve lit les nouvelles en français. Il les traduit tout à fait littéralement, mot à mot, et de façon parfaitement claire pour quiconque comprend aussi l'anglais :

«La cherche pour Dorothea Montalvo Puente est finie. La police de Los Angeles dit qu'ils ont arrêté l'assassineuse alléguée après qu'ils ont eu des informations par quelqu'un anonyme. Puente est crue d'avoir tué sept résidents à son hôtel à Sacramento pour collecter leurs payements de sécurité sociale. La police était après chercher pour elle depuis la fin de semaine.»

En faisant mon jogging quotidien, j'ai visité un cimetière — très joli, sous les pins. Presque uniquement des patronymes français sur les tombes. Mais les prénoms français sont rarissimes. Tout le monde s'appelle William Calais, ou Patrick «Pee Wee» Boutin, ou John Breault. Sauf un Minus Victor Plaisance, à qui je décerne le premier prix des prénoms incongrus.

Le 18 novembre 1988

Le journal annonce pour demain une course de dix kilomètres : la «neuvième course annuelle de la Coupe Cajun». Il y a longtemps que je n'ai pas participé à une course populaire. Je vais m'inscrire, au Hilton, en espérant que ce sera gratuit ou pas trop cher. Mauvaise surprise : quatorze dollars !

Je m'inscris quand même. On promet de m'envoyer un t-shirt souvenir par la poste. Et cela me forcera à courir un peu en vitesse parce que je ne me suis préoccupé que de distance depuis deux ans.

Le 19 novembre 1988

Je n'ai pas du tout regretté les quatorze dollars de ma Coupe Cajun. Bien au contraire.

Pour commencer, voyons la chose d'un angle purement sportif. J'espérais faire dans les cinquante-cinq minutes. Eh bien, j'ai couru mes dix kilomètres en cinquante minutes, vingt-neuf secondes et cinquante centièmes. Comme je m'étais placé à l'arrière du peloton, j'ai dû traverser la ligne trente secondes après le signal du départ. Donc, j'ai mis cinquante minutes tout juste. Je suis ravi.

La course elle-même, malgré le temps chaud et humide, a été plutôt agréable. À mi-course, devant la Lafayette Middle School, une fanfare d'adolescents jouait *Chariots of Fire*. Un peu plus loin, au centre de la ville, un groupe cajun — je crois qu'il s'appelait «Bayou Poupon» — se fit aussi entendre et applaudir par les coureurs.

À la fin de la course, bière pression gratuite. Et on se servait soi-même, sans restriction. Je n'avais jamais fait fonctionner un de ces robinets, et j'en ai retiré un plaisir puéril mais réel. J'en suis reconnaissant à la brasserie qui commandite l'événement. J'ai aussi dégusté plusieurs morceaux de poulet frit cajun, offerts par un autre commanditaire.

J'ai même eu droit à un massage des jambes, administré tout à fait gratuitement par une professionnelle en mal de publicité.

En rentrant au camping, j'avais hâte de raconter à Sébastien mes péripéties de la matinée. Mais il était assis, chez des voisins, avec un vieux campeur et une fillette. Il jouait d'un petit accordéon. Le vieux faisait grincer un violon et la petite tinter un triangle. Ils chantaient ensemble, tous les trois, d'une voix plaintive :

Quand j'étais millionnaire,
J'étais pas heureux.

C'est à ce moment-là que je me suis rendu compte que c'étaient les premiers mots de français que j'entendais de la journée, après avoir couru, bu et mangé avec mille *yuppies* de Lafayette.

L'île Padre
(Texas)

Le 22 novembre 1988

Pas de nouvelles de Judith Archambault (ni de personne d'autre), cette semaine. Je poursuis donc ma route avec Sébastien.

Au camping de Lafayette, le mystérieux téléphone s'est remis à sonner pendant notre dernière nuit. Cette fois, j'ai allumé le plafonnier et regardé ma montre : il était deux heures passées.

Sébastien s'est levé.

—Laisse tomber, Mauro.

Sans rien dire, il est sorti de la caravane, et le téléphone est redevenu muet quelques instants plus tard.

À six heures du matin, dès que la nuit a commencé à pâlir, j'ai suggéré de partir au plus tôt. Sébastien n'avait pas d'objection. Nous avons quitté le parc juste au moment où le gardien entrait faire sa tournée d'inspection.

Je me suis senti obligé de sermonner Sébastien.

—Écoute, tu aurais pu laisser faire. Un téléphone qui sonne, ce n'est pas la mort d'un homme.

—Est-ce que je dérange quelqu'un, moi ?

—Non.

—Qu'ils viennent pas me faire chier.

Nous avons fait halte pour la nuit dans un camping en banlieue de Houston, d'où on apercevait le fameux Astrodome.

Il y a dans les environs immédiats plusieurs centres hospitaliers de grande réputation, spécialisés dans le traitement du cancer. La plupart des motels des alentours offrent un service de navette gratuit vers ces institutions.

Ce matin, comme nous levions le camp, une dame s'est approchée.

—Vous êtes du Canada? Il y avait des Canadiens, ici, qui sont restés jusqu'à la semaine dernière. Lui, il allait au Texas Medical Institute tous les jours, pour des traitements. Mais ça ne lui a pas fait de bien. Ils sont repartis vendredi.

J'ai regardé autour de moi. Dans ces caravanes, combien de gens étaient là pour des traitements? Je l'ignorais, mais ça m'a gâché ma journée.

Heureusement, au coucher du soleil, nous avons retrouvé la mer, à l'île Padre.

Près de l'extrémité sud du Texas, sur le golfe du Mexique, il s'agit d'une autre bande de terre — longue de deux cents kilomètres environ. Dans le secteur nord, à l'est de Corpus Christi, on trouve plusieurs campings publics; nous en avons fait le tour avant de fixer notre choix.

Le parc d'État de l'île Mustang est le mieux équipé — et le plus coûteux. Il y a aussi, à une trentaine de kilomètres au sud, un secteur à quatre dollars seulement, où on campe en file indienne sur un parking goudronné. Il y a des douches froides, mais pas d'électricité. Finalement, on peut s'installer tout à fait gratuitement sur la plage, où on trouve des toilettes chimiques placées de loin en loin.

J'aurais, si j'avais été seul, opté pour le parc d'État, avec ses douches chaudes, son électricité et — suprême agrément — ses boîtes distributrices de journaux. J'ai toutefois deviné que Sébastien préférerait le secteur gratuit même si ce n'était pas lui qui payait. J'ai opté pour un compromis: le secteur asphalté, à quatre dollars.

—Au moins, ici, on ne risque pas de se faire prendre par la marée, ai-je expliqué pour justifier mon choix.

La «campground hostess» est passée peu après notre arrivée. C'est une dame du Colorado qui, en échange de menus services, a droit au seul emplacement desservi par l'électricité.

Elle nous a souhaité gentiment la bienvenue et nous a remis une pile de feuillets photocopiés couvrant les sujets susceptibles d'intéresser le plus curieux des campeurs : plongée sous-marine, collection de coquillages, randonnées en voiture ou à pied sur la plage, statistiques météorologiques, méduses (on conseille de soigner les piqûres avec un attendrisseur à viande contenant de la papaïne). Et aussi des listes : reptiles et amphibiens (les deux seuls serpents venimeux, le *crotalus atrox* et le *sistrurus catenatus tergeminus*, sont classés «rarement vus», le crotale étant bien entendu un serpent à sonnettes, tandis que le *tergeminus* a dans son nom quelque chose qui annonce encore mieux la mort rapide), poissons de pêche sportive, variétés de crabes, espèces végétales (dix pleines pages, celles-là).

Un feuillet sur le goudron qui enlaidit la plage m'apprend qu'une partie de ce goudron est de source purement naturelle, et qu'au siècle dernier les collectionneurs de coquillages ramassaient des morceaux d'asphalte sur la plage et les vendaient en guise de souvenirs.

D'autres listes encore complètent cette liste des listes : mammifères, choses à voir, à faire et à éviter.

Enfin, j'ai les règlements de la pêche en eau salée (j'ignorais qu'il fallait un permis) et une carte de la région de Corpus Christi.

Avec toute cette lecture, je n'aurai pas à me remettre à Proust avant un jour ou deux.

Le 23 novembre 1988

Il y a des Américains qui n'ont rien de rassurant. Comme le type que j'ai rencontré tout à l'heure. Je marchais à travers le camping quand j'ai aperçu la «campground hostess» avec deux autres personnes autour d'un fumoir portatif. Elle m'a salué. Le couple au fumoir revenait d'Alaska et était en train de traiter une partie du saumon qu'il avait pris là-bas et qu'il avait congelé (oui, viens-je d'apprendre, il y a des congélateurs dans les grands camping-cars — quand on a la climatisation, un four à micro-ondes et une antenne parabolique, le congélateur est un appareil tout à fait banal).

Nous avons parlé de choses et d'autres — par exemple, des ours que la dame aurait souhaité observer au Canada mais qu'elle n'a pas vus. La nécessité de se défendre contre ces mammifères, tout invisibles qu'ils soient, nous a amenés à parler d'armes à feu, sujet de conversation préféré de son mari — un homme grassouillet, au visage et au langage onctueux qui me rappelaient ceux des ecclésiastiques d'autrefois.

Il a fait carrière dans l'armée et dans le «law enforcement». Et il ne voyage jamais sans ses carabines, fusils et revolvers. Malheureusement, m'a-t-il expliqué, il n'a pas pu apporter ses revolvers en Alaska, parce qu'il sont interdits au Canada. Autrefois, on pouvait, en arrivant à la douane canadienne, faire sceller son revolver dans un sac de plastique et le faire desceller à la frontière de l'Alaska. Aujourd'hui, ce n'est plus permis. La prochaine fois, il se fera livrer ses revolvers par Federal Express directement en Alaska. De toute façon, il s'est fabriqué, exprès pour le Canada, un fusil à canon tronçonné — dix-huit pouces et quart, parce que toute arme à feu qui fait dix-huit pouces ou moins est interdite chez nous. Et il le charge avec du gros plomb. Avec ça, si jamais quelqu'un lui cherche noise, il est sûr de ne pas le manquer. Et la police sera bien forcée de prendre sa seule parole, puisque la victime n'aura pas survécu.

Je suis très fier de moi. Cette fois, j'ai réussi à éviter de me lancer dans une délicate discussion sur les armes à feu, les statistiques comparatives et les morts inutiles. C'était un choix d'autant plus judicieux que le type a justement à portée de la main un arsenal complet. Il a cinq cents balles et cartouches ! Il ne s'en sert jamais, reconnaît-il avec une pointe de regret. Mais, un soir, des jeunes gens ont commencé à faire les rigolos près de son camping-car. Il n'a eu qu'à soulever le support de ses armes à feu pour le rendre plus visible, et ils eurent tôt fait de détaler.

Le plus curieux, c'est que ces gens qui, si j'avais la mine le moindrement menaçante, me tireraient dessus sans me demander mon avis, m'ont donné, à moi pourtant parfait étranger, un morceau de leur saumon fumé. Cela ne ressemblait pas du tout au saumon fumé du commerce. Cela goûtait la fumée beaucoup plus que le saumon. Je me suis demandé si ce saumon n'avait pas été tué à coups de fusil. Hypothèse farfelue, ce qui ne m'a pas empêché de manger mon poisson lentement, au cas où j'y aurais trouvé du plomb.

Le 25 novembre 1988

J'ai couru pendant une heure et demie sur la plage. Et j'ai cet après-midi une douleur insupportable à la cheville. Est-ce le temps très humide ? Ou ma Coupe Cajun un peu trop rapide, sur l'asphalte, alors que j'ai pris l'habitude de courir dans le sable ? Je vais me donner quelques jours de congé, et on verra bien.

Pour payer la journée de camping, il fallait mettre quatre dollars dans une enveloppe sur laquelle est imprimé un formulaire à remplir avant de la glisser dans un tuyau muni d'une fente. Le problème, c'est qu'après trois jours je me suis trouvé à court de billets d'un dollar et que le tuyau ne rend pas la monnaie. Je voulais aller chercher de la monnaie à Corpus Christi, à une bonne demi-heure de route. Sébastien a proposé d'aller plutôt nous installer sur la plage, dans le secteur gratuit. Et nous y sommes très bien. Espérons que je ne me réveillerai pas la nuit en rêvant que la mer monte encore.

Tout à l'heure, Sébastien a oublié son cahier ouvert dans la caravane tandis qu'il allait se promener sur la plage. J'ai lu une page. Un poème, dont je n'ai retenu que la dernière ligne : «ce soir l'infini était plus qu'achevé».

Je ne sais pas si c'est bon. La poésie et moi, nous avons toujours été un peu fâchés. Je préfère une histoire bien racontée, avec un début qui vous prend aux tripes, une suite qui ne vous lâche pas une seconde et une fin qui vous étonne. Mais j'envie la facilité avec laquelle Sébastien remplit ses cahiers alors que mes disquettes demeurent presque vierges.

Son exemple m'a toutefois encouragé un moment à me remettre à mon histoire de voyageur tout nu sur une plage. Mais les plages du Texas ne conviennent pas plus à mon récit que celles de la Floride. Et mon héros demeure tout à fait anonyme. J'ai ajouté deux misérables lignes.

Finalement, ce que j'aurais le plus envie de faire, c'est de me lancer dans quelque chose de neuf, de me laisser pousser par l'inspiration au lieu de transpirer sur des trucs déjà entrepris. Cet après-midi, en regardant les vagues, j'ai songé à une histoire que j'écrirai peut-être bientôt…

Une femme sort de chez elle un samedi soir en laissant son fils de treize ans et son propre père de soixante-quinze à la garde l'un de l'autre.

Le garçon, en voyant à la télévision, pendant un match de hockey, une annonce de carte de crédit, est tout à coup pris d'une folle envie de voyager. Justement, sa mère lui a donné, quelque temps plus tôt, une carte de crédit sur son compte à elle.

Il sort de la maison, tourne à droite et part faire le tour du monde.

Pendant quelques jours, sa mère croit qu'il s'agit d'une fugue sans trop d'importance. Mais le garçon ne revient pas. Le grand-père, se sentant coupable d'avoir dormi devant la télé lorsque son petit-fils s'est envolé, part à sa recherche. Il sort de la maison — et tourne à gauche. Lui aussi fera le tour du monde, mais en sens inverse.

La mère résiste à la tentation de faire annuler la carte de crédit de son fils. Et celui-ci s'efforce de l'utiliser le moins possible. Toutefois, de loin en loin, la mère reçoit des factures qu'elle croit être des achats de son fils. Cela ne sera pas toujours vrai, puisque le garçon perdra sa carte ou se la fera voler. Le grand-père a sa carte de crédit bien à lui. Mais comme il n'a aucun moyen d'effectuer des paiements, il s'en sert avec encore plus de parcimonie. Ce n'est que lorsqu'il sera vraiment dans le pétrin qu'il donnera ainsi, à sa fille qui reçoit ses factures, des indices sur ses déplacements.

Ainsi, les trois personnages font le tour du monde — le grand-père et son petit-fils réellement, et la mère de façon imaginaire, par cartes de crédit interposées.

C'est une histoire qu'il me plairait d'écrire, mais il faudrait d'abord que je fasse le tour du monde. De préférence deux fois : dans un sens, puis dans l'autre.

Big Bend
(Texas)

Le 29 novembre 1988

Sur un bout d'autoroute, près de Laredo, nous avons dû faire halte à un barrage routier de la patrouille des frontières à la recherche d'immigrants illégaux. Hommes en armes et chiens en laisse : ils me font penser aux barrages routiers des pays d'Europe de l'Est que nous présentait jadis la télésérie *Mission Impossible*. Avant nous, un Hispanique doit déployer tous ses papiers à l'intention de l'inspecteur en uniforme, un petit roux qui porte un revolver à la hanche. C'est notre tour. Le policier nous demande si nous sommes «citoyens». Je n'ose pas demander : «De quoi?» Nous répondons que nous sommes canadiens. Il ne regarde pas nos passeports, jette un coup d'œil dans la caravane pour s'assurer qu'elle ne dissimule pas une dizaine de familles salvadoriennes et nous fait signe de passer sans nous demander le moindre papier.

Sébastien n'a rien dit. Mais je sens que l'incident l'a mis en rogne.

Nous sommes finalement arrivés au parc national de Big Bend, sur la frontière du Mexique, à l'endroit où le Rio Grande fait justement un grand coude. J'ai choisi de nous installer au camping du bassin Chisos. On le déconseille aux caravanes de plus de vingt pieds. J'ai compris pourquoi : il faut pour s'y rendre descendre des pentes de quinze degrés, avec des virages en épingle à cheveux. Mais l'endroit le vaut bien, dans une cuvette au milieu de montagnes de roc rouge, toutes proches.

En général, avant d'installer la caravane pour de bon, je regarde dans tous les sens pour trouver l'angle sous lequel j'aurai la plus belle vue de la meilleure fenêtre — celle de l'arrière, où se trouve la table transformable en lit. Ici, j'ai l'embarras du choix: la vue est spectaculaire dans toutes les directions.

À la tombée de la nuit, le bassin est entouré de la haute silhouette noire des montagnes. Le ciel est pur et constellé d'étoiles. Et les phares des voitures qui descendent en zigzaguant au flanc de la montagne ont quelque chose de féerique et, d'une certaine manière, d'étrangement naturel.

Le 1er décembre 1988

Ce matin, Sébastien m'a invité à l'accompagner dans une petite randonnée pédestre. J'ai failli refuser, craignant d'être trop lent à cause de cette douleur à la cheville qui ne me lâche plus, même si j'ai suspendu mon jogging jusqu'à nouvel ordre. Mais j'ai accepté, pour éviter de le vexer. Et je ne l'ai pas retardé. Au contraire, Sébastien s'arrêtait à tout bout de champ pour examiner des oiseaux, des cactus, des empreintes d'animal, ou pour admirer le paysage, ce qui m'a vite ennuyé.

Nous sommes ensuite allés déjeuner au Mexique, à Boquillas del Carmen, où une petite barque en aluminium nous a fait traverser à la rame le Rio Grande pour un dollar et demi chacun. J'ai insisté pour payer le traversier. Sébastien a insisté pour payer le repas — des *burritos* et des *tacos*, à trois pour un dollar. J'ai insisté encore pour payer la bière mexicaine, et nous en avons pris chacun trois.

Je n'étais jamais allé au Mexique, et je suis enchanté de l'expérience. Pas de poste frontière — sauf du côté mexicain, où un grand bâtiment désaffecté porte encore des traces de peinture délavée : « INMIGRACION, ADUANAS ». Peut-être y avait-il là autrefois un pont ou un passage à gué ?

Le Rio Grande n'a guère ici plus de vingt mètres de largeur. Du côté américain, c'est verdoyant et sauvage ; de l'autre côté, c'est agité, pauvre et surtout désertique, comme si les douaniers étaient capables d'empêcher la nature autant que la fortune de traverser les frontières.

Sébastien parle un peu l'espagnol et a trouvé un Mexicain qui lui a vendu de la marijuana qu'ils ont fumée ensemble. J'ai refusé de me joindre à eux et j'ai exhorté mon compagnon à ne pas en rapporter avec lui aux États-Unis.

Il a fumé trois joints, prétendument pour nous en débarrasser. Et il était d'une humeur particulièrement joviale lorsque nous avons repris le traversier à rames. Il s'est levé pour pisser au beau milieu du Rio Grande, au risque de faire chavirer la barque et au grand scandale d'un couple de vieux Américains qui revenaient avec nous.

Le 3 décembre 1988

Jeudi, Sébastien est parti faire du camping sauvage dans les environs. C'est gratuit, a-t-il dit comme pour s'excuser (pourtant, lorsqu'il partage un camping avec moi, cela ne lui coûte pas plus cher).

Il a emporté toutes ses affaires.

—Comme ça, si tu en as assez de m'attendre, tu pourras toujours partir, a-t-il précisé.

Mon « calendrier officiel » prévoyant que je passerai deux semaines ici, j'ai promis à Sébastien de l'attendre jusqu'à lundi en huit, à midi.

J'ai d'abord apprécié ma solitude retrouvée. Et une liberté nouvelle.

Par exemple, je me sens moins forcé de sortir mon ordinateur, maintenant que je n'ai plus personne devant qui faire semblant d'écrire. Je ne m'y remettrai que dans quelques semaines ou quelques mois. Espérons que ce congé m'aidera à retrouver l'inspiration.

Le 4 décembre 1988

Ce matin, dimanche, je suis déjà forcé par les événements à briser ma promesse de prendre un « congé d'ordinateur».

Tout à l'heure, je suis monté au bureau des *rangers* à côté duquel se trouve le téléphone. C'est un téléphone à cadran. Le premier que je vois depuis longtemps — en fait, c'est la première fois que j'en vois aux États-Unis. J'ai lu quelque part qu'il fallait absolument un téléphone à poussoirs pour communiquer avec le centre de messages.

J'ai fait le numéro du service d'aide du radiotéléphone et exposé mon problème.

—C'est simple, m'a dit la jeune femme qui m'a répondu. Je vais écouter avec vous. Après chaque message, vous me direz quoi faire.

Je lui ai donné mon numéro de radiotéléphone et mon numéro de passe.

«Vous avez *deux* nouveaux messages, a dit la voix synthétique. Voici le *premier* message...»

«Mon amour, c'est moi. Je n'irai pas à Houston. Et tu peux te rassurer. J'ai trouvé la solution à mon problème. Je sors de ta vie une fois pour toutes. Adieu. Et bonne chance. »

C'était la voix de Judith Archambault.

—Vous voulez le conserver? est intervenue la téléphoniste.

—Non. Effacez-le.

«Voici le *deuxième* message...»

«Bonjour. Je voulais juste te dire de ne plus t'en faire. Jean-Claude est d'accord pour le garder. N'essaie plus de me rappeler. C'est mon dernier message. Je t'ai beaucoup aimé, tu sais.»

C'était Laurette Larose.

—Vous voulez le conserver? a répété la jeune femme du centre de messages.

—Effacez-le.

«Fin des nouveaux messages», a conclu la voix synthétique.

—C'est tout, a ajouté la jeune femme. Bonne chance !

Y avait-il de l'ironie dans sa voix? Il m'a semblé que oui. Combien de chances sur combien de milliards y a-t-il pour qu'un homme reçoive dans la même semaine deux appels de femmes qui le laissent tomber, au moment même où une étrangère l'écoute parce qu'il capte ses messages du seul téléphone à cadran de tous les États-Unis d'Amérique?

La téléphoniste a dû me prendre pour le dernier des idiots. Et comme j'utilise l'année de ma naissance comme numéro de passe, il est facile de deviner mon âge.

Le 5 décembre 1988

Dès l'aube, j'ai attelé la caravane et déménagé à l'autre bout du parc, au camping nommé Cottonwood, moins joli que celui de Chisos, mais pas mal quand même. Et ça ne coûte que deux dollars la nuit — trois de moins qu'à Chisos. Seule différence: des toilettes sèches au lieu des W.-C.

À midi, je suis allé déjeuner à Santa Elena, le village situé de l'autre côté de la frontière, à cette extrémité-ci du parc. Traversée en barque manœuvrée par un garçon d'une douzaine d'années qui nous mène à bon port sur l'autre rive, quatre Américains de l'Ohio et moi.

Au restaurant *Maria-Elena*, nous sommes les seuls clients. Je commande des *enchiladas* et un *burrito con arroz*. C'est délicieux. Le tout, deux bières comprises, me coûte huit dollars. Je ne suis pas fâché de l'absence de Sébastien : j'aurais été pris à payer pour lui.

De retour au camping, j'ai échangé quelques mots avec mes voisins immédiats — un couple de retraités du Michigan. Gens sympathiques, qui ont encore sur leur pare-chocs un autocollant appuyant Dukakis et Bentsen, un mois après leur retentissante défaite aux élections présidentielles. Ils me recommandent de faire attention à mes affaires.

—Il paraît qu'il y a eu beaucoup de vols, le mois dernier, dans les autos stationnées près du traversier, explique l'homme. Alors, les *rangers* ont dit aux gens de Santa Elena qu'ils ne laisseraient plus les touristes traverser tant que les vols ne cesseraient pas. Ça a cessé tout de suite : les propriétaires de restaurant ont dû faire des pressions sur les voleurs. Mais on ne sait jamais quand ça peut recommencer.

L'an dernier, d'après lui, le trafic de drogue avait pris tellement d'ampleur que les Américains ont fermé la barrière qui donnait accès au «traversier». Les *federales* mexicains ont alors lancé une grande opération pour mettre la main au collet du principal trafiquant. Les policiers américains ont collaboré, en se déployant de ce côté de la frontière pour lui barrer la route.

Le trafiquant a été tué. Et tout le monde était content.

Le 7 décembre 1988

Jamais je n'ai eu aussi peur.

À la tombée de la nuit, hier soir, je suis allé aux toilettes. Sans apporter de papier hygiénique, car s'il y a une chose qui ne manque jamais dans les campings américains, c'est bien le papier cul.

Après avoir fait quelques pas en direction des toilettes, j'ai aperçu mes retraités du Michigan qui en revenaient, avec leur rouleau de papier. J'en ai conclu que les toilettes devaient en être dépourvues. Je suis retourné à la caravane, j'ai pris le rouleau de papier dans son tiroir, et je m'apprêtais à ressortir lorsque j'ai entendu un bruit de moteur, tout près. Je me suis penché à la fenêtre pour voir qui avait le culot de venir se garer si près de moi.

Mon cœur a dû sauter quelques tours : le paysage bougeait. Le moteur en marche était celui de la Mustang. Comme je n'étais pas sûr de passer plus d'une nuit ici, je ne m'étais pas donné la peine de dételer la caravane. Et un voleur, croyant que je m'étais éloigné, venait de partir avec ma caravane, ma voiture — et leur propriétaire !

J'ai d'abord été tenté de sortir. Mais nous roulions déjà bon train. Je me suis dit qu'il valait peut-être mieux continuer sur les trousses de mon voleur, plutôt que de rester derrière, sans rien d'autre que mon portefeuille et les vêtements que j'avais sur moi.

Je l'ai bientôt regretté. Le voleur roulait à fond de train sur la route déserte. Dans la caravane, j'étais violemment secoué d'un côté à l'autre. J'ai été forcé de m'asseoir et de m'agripper à la table. « S'il ralentit assez, je saute dehors », ai-je décidé.

Mais la Mustang ne faisait aucunement mine de ralentir et encore moins de s'arrêter. Par la fenêtre, je voyais défiler la masse sombre de la *sierra* de Santa Elena, de l'autre côté du Rio Grande, contre le ciel bleuté.

Un bout de chemin en ligne droite a permis à la Mustang d'accélérer encore. J'ai pris une décision que je trouve maintenant téméraire même si elle s'est révélée judicieuse : faire savoir au voleur qu'il y avait quelqu'un dans la caravane. J'ai sorti de son tiroir mon plus gros couteau de cuisine. Et j'ai entrepris d'allumer et d'éteindre le plafonnier. Je me suis souvenu de mes années de scoutisme, et j'ai fait le S.O.S. — trois grands, trois petits, trois grands — dans le ridicule espoir qu'un agent de police qui verrait passer une caravane faisant des signaux de détresse se lancerait à mon aide. Il s'est écoulé une bonne minute au moins sans que rien ne se produise. Puis la voiture a ralenti. J'ai jeté un coup d'œil dehors : rien ne semblait justifier ce ralentissement. La voiture a roulé encore une bonne minute, de plus en plus lentement, puis s'est arrêtée tout à fait.

J'ai tendu l'oreille, reconnu le bruit de la porte de la Mustang qui s'ouvrait. J'ai serré le couteau dans ma main, éteint la lumière et fermé le loquet de la porte d'entrée.

Dans le pare-brise, j'ai aperçu une ombre — un homme, sûrement — qui courait vers le Rio Grande.

J'ai tremblé comme une feuille pendant plusieurs minutes avant d'être capable de prendre place au volant de la Mustang et de faire demi-tour.

Paradise
(Arizona)

Le 14 décembre 1988

En passant près d'El Paso, j'ai fait hier ce que j'aurais dû faire depuis plusieurs semaines : j'ai téléphoné à Larry Sirois pour lui dire que ce n'était plus la peine d'essayer de me joindre par le radiotéléphone. Qu'il me laisse plutôt un message et je le rappellerai.

Je lui ai offert de prendre mes messages deux fois par semaine. Mais une fois lui convient parfaitement. Larry prend même la chose si calmement que je m'en veux de ne pas l'avoir suggérée plus tôt.

Je suis maintenant libre comme l'air. D'aller où je veux, quand je veux.

Il est vrai que je le serais un peu plus si je n'avais pas, lundi après-midi, récupéré Sébastien surpris de me voir encore à Cottonwood. Mais les événements récents m'ont convaincu qu'il vaut mieux être un peu moins libre et un peu plus vivant.

En deux jours, nous venons de traverser une bonne partie du Texas et le Nouveau-Mexique en entier, avant de pénétrer en Arizona dans les environs de la petite ville de Rodeo.

À la fin de l'après-midi, de grand-route en route secondaire, en route étroite, en route plus étroite encore, nous sommes arrivés dans la « forêt nationale Coronado » et avons roulé tant qu'un panneau ne nous a pas annoncé que la route traversant les monts Chiricahua était bloquée par la neige quelques kilomètres plus loin.

Nous avons rebroussé chemin jusqu'à un camping du Service des forêts, près du village de Paradise. Un ruisseau nous barrait la route. Sébastien l'a d'abord traversé à pied pour s'assurer que l'eau n'était pas trop profonde.

Le camping est gratuit, en cette morte saison. Nous avons placé la caravane au bord du ruisseau, qui glougloute joyeusement.

Et ce soir sont réunies, pour la première fois depuis long-temps, les trois conditions nécessaires à un bon feu de camp.

D'abord, c'est permis. Presque toujours, dans le Sud, les feux au sol sont interdits.

Ensuite, il fait un bon temps à feu de camp — juste assez frais pour que ça nous réchauffe et quand même assez chaud pour éviter de nous geler le dos.

Finalement, nous avons du bois. Nos voisins les plus proches ont une énorme pile de bois abandonné par les campeurs précédents mais ne s'en servent pas. Ils nous l'offrent. Nous sautons sur l'occasion.

Feu de camp merveilleux. On se croirait au Québec au début d'octobre, lorsque les moustiques sont enfin disparus et que les soirées deviennent agréablement fraîches.

Sébastien est allé demander à nos voisins s'ils n'auraient pas par hasard une carte des sentiers de randonnée des environs, qu'il consulte pendant que j'écris ces notes. Il me demande si j'ai envie de l'accompagner dans le sentier qui monte au sommet du Silver Peak.

Comme je manque d'exercice depuis que j'ai ma douleur à la cheville, je promets d'y aller si je n'ai pas trop mal demain matin.

J'ai ouvert une bouteille de vin bulgare. Je ne serais pas étonné qu'on en boive une deuxième.

Le 16 décembre 1988

Nous sommes partis aussitôt le petit déjeuner avalé, bien avant que les rayons du soleil aient pu nous atteindre au fond de notre vallée étroite. Nous avons laissé la voiture au pied du panneau indiquant la direction du Silver Peak — à quatre milles et demi, soit une quinzaine de kilomètres aller retour.

Nous nous sommes engagés dans le sentier qui grimpait rapidement au flanc de la montagne. Bientôt, j'étais en nage et terriblement essoufflé. Et ma cheville, qui s'était peu fait sentir depuis quelques jours, est redevenue ultra-douloureuse. Souvent, Sébastien s'est arrêté pour m'attendre.

Nous marchions depuis plus d'une heure lorsque nous sommes arrivés aux premiers vestiges de neige. Il y avait quelques empreintes d'animaux sauvages. Des ours, d'après Sébastien. J'ai persisté pendant une bonne vingtaine de minutes, avant de déclarer :

— Continue tout seul. Moi, je redescends.

— Comme tu voudras.

Nous sommes repartis chacun de notre côté.

En montant, je ne m'étais pas rendu compte à quel point les semelles de mes chaussures sont usées. En redescendant, j'ai glissé plusieurs fois dans la neige, me retenant de justesse à une racine ou à un rocher pour éviter de rouler vers la vallée. Et la cheville me faisait plus mal que jamais.

J'étais de retour à la caravane un peu après midi. À l'heure du souper, Sébastien n'était toujours pas là. J'ai consulté les voisins sur ce qu'il convenait de faire. Ils m'ont dit que la station des *rangers* était fermée — que c'était justement pour ça que le camping ne coûtait pas un sou. Qu'à ma place ils ne s'en feraient pas. Que mon ami ne courait aucun risque. Mais que si, demain midi, il n'était toujours pas là, je pourrais toujours aller à Paradise téléphoner à la police.

Cela m'a semblé raisonnable.

Le 17 décembre 1988

J'ai très mal dormi, la nuit dernière.

Il était dix heures lorsque Sébastien est arrivé. J'étais furieux. Il m'a expliqué qu'il s'était rendu au sommet du Silver Peak, qu'il avait passé la nuit dans un abri, que c'était extraordinaire. Impossible de lui faire comprendre que je me suis fait du mauvais sang. Quand je lui ai rappelé qu'il y avait des ours dans la montagne, il m'a bêtement répondu :

— Aussi bien mourir comme ça que du cancer.

Yuma
(Arizona)

Le 19 décembre 1988

Il n'y a pas si longtemps, j'étais prêt à abandonner ce journal parce qu'il ne m'arrivait rien. Et voilà que, deux semaines après la tentative de vol, il s'est passé un autre événement un peu trop palpitant à mon goût.

De nouveau, j'étais seul, à la suite d'une longue discussion avec Sébastien, au sujet du Grand Canyon.

Il me trouve idiot de ne pas vouloir y monter. D'après lui, même s'il n'y est jamais allé, c'est là qu'on peut admirer les paysages les plus extraordinaires d'Amérique. Mais c'est un long détour. En faisant mes comptes, je me suis aperçu que je défonçais de cinquante dollars mon budget hebdomadaire. Une partie de ces dépenses supplémentaires vient sûrement du voyage à deux, et je n'ai pas très envie de gaspiller de l'essence par-dessus le marché. Et puis, le Grand Canyon est plus au nord et nécessairement plus froid, même si Sébastien soutient le contraire. Surtout, je suis parti faire le tour des États-Unis — et pour ce faire, je dois longer les frontières et non rouler à des centaines de kilomètres de celles-ci.

Je l'ai donc laissé, ce matin, à la jonction des autoroutes 10 (vers Phoenix et le Grand Canyon) et 8 (sur laquelle j'ai continué). J'aurais préféré, à la suite de la tentative de vol, avoir encore Sébastien avec moi. Mais dès qu'il est sorti de la voiture, je me suis senti totalement libéré. De Sébastien Mauro, et aussi de Larry Sirois, de Judith Archambault et de Laurette Larose. J'étais enfin seul au monde. Cette euphorie n'a pas duré.

Vers deux heures de l'après-midi, je suis arrivé à Yuma. Les campings de chaque côté de l'autoroute, juste avant la ville, sont particulièrement déprimants : d'énormes caravanes s'y alignent comme des sardines. Sans y regarder de près, je devinais que le campeur moyen devait être au moins septuagénaire.

Et puis, la Californie était toute proche. J'ai décidé de continuer encore une heure ou deux, à la recherche d'un camping plus sauvage.

À la frontière entre l'Arizona et la Californie, j'ai tout à coup aperçu de la fumée dans le rétroviseur. Je croyais que la fumée venait du moteur. Cela aurait pu être de l'huile qui brûlait à la suite du bris d'un joint d'étanchéité (un des rares termes de mécanique que je connaisse — c'est le temps ou jamais de l'utiliser) ou quelque chose du genre. J'ai stoppé sur l'accotement de l'autoroute.

Le spectacle qui m'attendait lorsque je suis sorti de la voiture m'a fait dresser les cheveux sur la tête : le coffre en fibre de verre, à l'avant de la caravane, qui abritait la bonbonne de gaz propane, flambait. De grosses flammes jaunes et rouges en sortaient, au milieu d'une épaisse fumée noire.

J'ai pensé un instant à fuir avant que la bonbonne n'explose. Mais j'avais un extincteur dans la caravane. Je suis allé le chercher. Une petite patte de plastique bloquait le bouton. Je l'ai brisée, j'ai pointé l'extincteur vers les flammes, j'ai poussé sur le bouton. Rien n'est sorti.

Affolé, j'ai couru sur l'autoroute en agitant les bras. Un camion et une voiture se sont arrêtés. Une femme s'est approchée avec une couverture, et un homme avec un extincteur a lancé sur le coffre un épais jet de mousse blanche. Les flammes ont aussitôt diminué considérablement.

Il y en avait encore. Et la bonbonne de gaz risquait d'exploser. Je m'étonnais que personne ne songe à fuir.

— Ouvrez ! m'a ordonné l'homme à l'extincteur.

J'ai ouvert le coffre, convaincu que tout allait nous sauter sous le nez.

L'homme a continué d'appuyer sur le bouton de son extincteur. Les flammes se sont éteintes. Tant que la mousse blanche a jailli de l'extincteur, il en a aspergé l'avant de la caravane.

L'incendie était maîtrisé. J'ai expliqué à mon sauveteur que mon extincteur ne fonctionnait pas. Il l'a essayé : il marchait parfaitement. J'avais, dans l'excitation du moment, appuyé du mauvais côté du bouton.

L'avant de la caravane présentait un état pitoyable. La fibre de verre noircie était profondément brûlée, le pare-brise gauchi, le coffre à moitié brûlé et son contenu carbonisé — à l'exception de la bonbonne de gaz, qui avait bien résisté à l'incendie.

La femme à la couverture m'a conseillé d'ouvrir les fenêtres sans tarder pour éviter que l'odeur de brûlé ne s'incruste. Ce que j'ai fait.

J'ai remercié mes sauveteurs, et j'ai attendu une bonne demi-heure sur le bord de l'autoroute, pour m'assurer que l'incendie ne reprendrait pas et dans l'espoir que la police arriverait pour un constat.

Comme celle-ci ne se montrait pas, j'ai repris la route et fait demi-tour au premier viaduc. Un peu plus tôt, en approchant de Yuma, j'étais passé devant plusieurs détaillants de véhicules de loisirs. J'ai trouvé là un commerce qui annonçait la réparation de caravanes.

La patron de l'établissement a rapidement estimé les dommages à mille deux cents dollars et le délai de réparation à sept ou huit jours. J'ai téléphoné à mon assureur qui m'a donné le feu vert, à condition que je prenne des photos.

— Venez voir, m'a dit ensuite le réparateur.

Je l'ai suivi à l'avant de la caravane. Il m'a montré les restes carbonisés du coffre.

— Voici la source du court-circuit. C'est votre réchaud portatif, qui était placé en travers de la batterie. Il a touché les deux bornes. Ça a fait des étincelles...

Je gardais aussi en cet endroit le charbon de bois du barbecue et l'allume-feu liquide. Il n'en avait pas fallu plus. Mais qui a placé le réchaud de cette manière ? En général, c'est moi qui le range — en position verticale. Je n'arrive pas à me souvenir si c'est moi ou Sébastien qui s'en est occupé, ce matin.

Tout bien considéré, j'ai eu de la chance que cet incendie se soit déclaré si près de Yuma. Deux heures après l'accident, les réparations ont commencé. Si l'incendie avait eu lieu sur le chemin du Grand Canyon, je serais probablement encore en train de chercher quelqu'un pour réparer la caravane — à moins qu'elle n'ait été complètement détruite parce que j'aurais manqué d'aide sur une route déserte, à appuyer comme un imbécile sur le mauvais côté du bouton de l'extincteur.

Le 25 décembre 1988

Je passe la semaine dans un motel de Yuma, à regarder la télévision en couleur. Il y a la télé payante, et j'en profite pour faire provision de cinéma.

Le Macintosh est installé sur une table, dans un coin de la chambre. Je me dis au moins dix fois par jour que c'est le moment ou jamais de me lancer à fond dans la rédaction d'un roman. Mais je ne parviens toujours pas à trancher entre l'histoire de mon voyageur tout nu sur une plage en Floride, au Texas ou en Californie, et celle de mon fugueur qui part autour du monde.

Pourtant, je m'ennuie très profondément. D'être seul, d'abord. Puis d'être dans un motel au lieu d'un terrain de camping, où il y a toujours quelque chose à faire. La seule lecture qu'il me reste — *À la recherche du temps perdu* — me fait bâiller à m'en décrocher la mâchoire. Ce qui m'ennuie par-dessus tout, c'est d'être à Yuma, capitale mondiale des vieux retraités, qui affluent ici parce que c'est, paraît-il, l'endroit le plus chaud, l'hiver, au nord du Mexique. Heureusement, il y a ici beaucoup de vieux retraités pas riches et les restaurants du coin sont spécialisés en buffets pas chers.

Aux dernières nouvelles, la caravane devrait être prête après-demain. Si elle ne l'est pas, je vais commencer à craindre de finir mes jours dans cette ville sénile.

Pour fêter la veille de Noël, je suis allé prendre un verre dans un bar. J'ai joué trois parties de billard. Deux contre un Mexicain rigolo. J'ai perdu, puis gagné. Et une contre une petite vieille vraiment maladroite qui clamait constamment qu'elle n'avait pas de chance. Je l'ai battue sans pitié.

Joshua Tree
(Californie)

La caravane n'a pas trop souffert de l'incendie. Le réparateur n'avait pas de pièce pour remplacer le pare-brise partiellement noirci. Il l'a redressé suffisamment pour le rendre à peu près étanche. J'essaierai d'en trouver un neuf de retour au Canada. Le coffre avant était irrécupérable. À sa place, le réparateur a fixé directement sur le timon une batterie et une bonbonne toutes neuves.

Le «monument national Joshua Tree», où je suis, doit son nom à l'arbre de Josué, un cactus fort bizarre qui fait penser à un arbre dont chaque branche serait couronnée d'un ananas.

En traversant le parc du sud au nord, j'en ai eu plein la vue. Montagnes, déserts, jardins de cactus. Dans certains secteurs, une belle jeunesse s'agrippe aux parois escarpées qui ont fait de ce parc un des rendez-vous préférés d'amateurs d'escalade venus des quatre coins de l'Amérique. Il y a plusieurs filles, même si les garçons sont en majorité.

Dans le secteur Indian Cove où je suis installé pour la nuit — un endroit magnifique, entouré de murailles rocailleuses arrondies par l'érosion et auquel on a donné le surnom de «Wonderland of rocks» —, un groupe de *marines* s'exercent sur de petits rochers ridicules, alors que les civils s'attaquent à des parois cent fois plus hautes.

Le 29 décembre 1988

On dirait qu'une fée bienveillante — à moins que ce ne soit une méchante sorcière — a lié mon sort à celui de Sébastien Mauro.

En me levant ce matin, je suis allé me promener malgré ma douleur à la cheville, qui ne me lâche plus par temps humide. Mais je ne vais pas devenir totalement sédentaire à cause d'une stupide blessure de jogging.

À l'autre bout du camping quasi désert, j'ai vu de loin une petite tente qui me rappelait celle d'Alice Brodeur. Comme je m'approchais, une fille en est sortie. Elle avait l'air tout à fait californien — belle, bronzée, blonde, saine et athlétique. Derrière elle, un homme quitta lui aussi la tente.

C'était Sébastien. Lui et Kim se sont connus au fond du Grand Canyon. Il y a là un petit terrain de camping. Elle avait une tente. Pas lui. Ils ont ensuite décidé de faire un bout de chemin ensemble. Ils sont arrivés ici hier, comme moi. Ils repartent demain, comme moi. J'ai offert de les emmener. Sébastien a refusé, sous prétexte qu'il ne veut pas me déranger.

Je lui ai raconté ma dernière mésaventure. Il prétend ne pas se souvenir, lui non plus, lequel de nous deux a rangé le réchaud dans le coffre de la caravane.

San Clemente
(Californie)

Ce matin, je suis allé boire mon café sur un rocher facile à escalader. De loin, j'ai pu observer Sébastien et Kim qui démontaient leur tente.

Dès que j'ai vu qu'ils se mettaient en route, j'ai levé le camp, moi aussi. Je les ai rattrapés à un kilomètre au-delà de la limite du parc. En entendant approcher un véhicule, Kim s'est retournée, pouce dressé.

Je les ai fait monter. J'avais libéré le siège avant de la paperasse qui avait recommencé à l'encombrer depuis que je voyageais seul. Kim s'y est assise et Sébastien a pris place derrière.

À cause de Kim, nous parlions anglais — langue que je maîtrise beaucoup mieux que Sébastien. Et rien ne m'était plus agréable que de parler de tout et de rien avec une jolie jeune femme (elle vient du Montana), tandis que Sébastien prenait son air bougon et taciturne.

Nous roulions dans une région désertique, où ne végétaient que quelques cactus au milieu des buissons secs. Je trouvais le paysage vallonné tout à fait agréable.

— Ça me fait penser à l'Algérie, a dit Sébastien.

— Pourquoi? a demandé Kim.

— Les gens.

Elle a ri. Pourtant, il n'y avait personne. Il m'a fallu un petit moment pour saisir cette pointe d'humour.

Un peu plus tard, j'ai demandé à Sébastien :

— Tu as fait l'Algérie ?

Il n'a pas répondu. Sans doute ai-je réveillé de mauvais souvenirs. Des villages brûlés, des paysans torturés, des hommes sur lesquels on tire à bout portant. Je le comprends de ne pas vouloir en parler, surtout en présence de Kim.

Le 31 décembre 1988

À une centaine de kilomètres au sud de Los Angeles, le parc d'État de San Clemente est perché sur une falaise qui domine une immense plage fréquentée par des *surfers* obstinés, qui ne parviennent jamais à rester plus de trois secondes sur leur planche, tellement la mer est agitée et le vent puissant.

Si on a la chance de trouver un emplacement sur le bord de cette falaise, on a une vue imprenable. D'un côté, le Pacifique avec ses crêtes blanches ; de l'autre, la ville de San Clemente, dont les maisons à flanc de colline, avec leurs murs ocre et leurs toits de tuiles rouges, donnent au paysage un cachet tout à fait méditerranéen.

Le jour, on entend les aboiements des lions de mer qui se chauffent au soleil sur un rocher non loin du rivage.

Sébastien et Kim ont planté leur tente dans le secteur réservé aux cyclistes et aux randonneurs. J'ai installé la caravane tout près de la falaise.

Il s'est mis à pleuvoir peu après notre arrivée, hier. J'ai invité Sébastien et Kim à dîner dans la caravane. Sébastien a refusé. Ce matin, j'ai demandé à Kim s'ils voulaient partager mon petit déjeuner. Elle a accepté.

Cet après-midi, dès que j'ai vu Sébastien se diriger vers les toilettes, je suis allé dire à Kim que je les invitais à fêter le Nouvel An avec moi.

Le 1er janvier 1989

Hier après-midi, razzia dans les magasins de San Clemente. Trois bouteilles d'un bon mousseux californien. Une petite boîte de foie gras du Périgord. Un tas d'autres trucs à manger, à grignoter, à boire. Et des chandelles pour nous éclairer.

La petite fête a été, au départ, plutôt réussie.

— À la première femme jamais invitée dans ma caravane, ai-je dit en portant le premier toast.

Kim m'a regardé avec de grands yeux ronds.

— Tu veux dire que pas une femme n'a encore baisé là-dedans?

J'ai acquiescé. Kim a semblé tout à fait épatée de la chose.

Elle a roulé un énorme joint qui a, encore plus que le mousseux, contribué à notre bonne humeur. Kim n'arrivait pas à croire que je n'avais emporté avec moi que des cassettes de musique classique. Elle a tenu à toutes les essayer. « Shit ! » ou « Fuck ! » ou « Fuckin' shit ! », s'exclamait-elle dès que les premières mesures d'un autre concerto pour piano de Mozart ou d'une énième symphonie de Beethoven se faisaient entendre.

Je crois que j'étais, malgré sa naïveté inculte ou peut-être à cause d'elle, en train de tomber amoureux.

Mais il devait être écrit que cette veillée de la Saint-Sylvestre ne se déroulerait pas comme je l'avais souhaité.

Quelques minutes avant minuit, je suis allé aux toilettes pour être sûr d'être de retour avant la fin de l'année. En revenant, j'ai ouvert la porte et l'ai refermée aussitôt.

Kim et Sébastien étaient en train de baiser — sur ma table, dans ma caravane, à la lueur de mes chandelles.

Il était passé minuit quand j'ai enfin pu rentrer chez moi, embrasser Kim sur la joue et serrer la main de Sébastien.

Lorsqu'ils sont partis, j'ai ramassé dans l'évier un condom flasque, dégoulinant.

Ensenada
(Baja California)

Le 3 janvier 1989

Il s'est remis à pleuvoir, hier matin. Un crachin fin, pas très froid mais accompagné d'un brouillard qui cache la mer et enlève tout intérêt à ma vue imprenable sur le Pacifique.

Kim et Sébastien sont venus, sac au dos, m'annoncer qu'ils partaient pour Ensenada, au Mexique, à trois heures de route de San Clemente.

J'ai dû oublier bien vite la Saint-Sylvestre ratée, puisque j'ai demandé si je pouvais y aller avec eux. Avant que Sébastien ait le temps d'ouvrir la bouche, Kim a répondu : «Sure.»

À Ensenada, nous avons pris un camping au hasard : l'*Estero Beach Club*. C'est d'abord et avant tout un complexe hôtelier, avec restaurant, courts de tennis et même un petit musée d'art et d'artisanat. Pour arrondir leurs fins de mois, les propriétaires ont aussi aménagé un camping, avec presque tout le confort américain : électricité, robinets, égouts — il ne manque que la table de pique-nique. Les prix y sont aussi, malheureusement, tout à fait américains. Mais on a vue sur la mer et les montagnes environnantes.

Ce n'est qu'après avoir payé pour la nuit que nous nous sommes aperçus qu'il n'était pas possible de planter une tente. Tout est asphalté et notre emplacement est juste assez grand pour la caravane et la Mustang.

— Vous n'avez qu'à coucher dans la caravane, ai-je offert. Il y a de la place pour trois.

Kim a accepté.

L'installation terminée, Sébastien nous a offert le souper en ville, dans une modeste bicoque où aucun Américain n'avait probablement jamais mis les pieds. Une grosse adolescente joufflue, coiffée à ce qu'elle devait prendre pour la dernière mode de Californie, nous a récité le court menu. Sébastien a dit «si» à tous les plats.

Et on nous a servi des *burritos*, des *tacos* et je ne sais plus quels autres trucs en *os*.

J'ai été le premier à reconnaître que c'était délicieux, même si je trouvais cela horriblement épicé.

La nuit ne s'est pas trop mal passée. Sébastien et Kim ont tenu à coucher sur le plancher pour me laisser le lit double, où je me sens à la fois idiot et égoïste. S'ils ont fait des choses, ils ne m'ont pas réveillé.

N'empêche que je paierais cher pour garder l'une et me débarrasser de l'autre.

Le 4 janvier 1989

Cet après-midi, je suis allé me promener sur la plage, après avoir prévenu mes invités que je partais longtemps. Après tout, que cela me plaise ou non, ils ont droit à leurs moments d'intimité.

À mon retour, Kim était partie — rejoindre des amis à la pointe sud de la Baja California, m'a raconté Sébastien.

J'ai été vexé qu'elle ne se soit pas donné la peine de me dire adieu. J'ai été tenté d'atteler la caravane et de me lancer à sa poursuite.

Comme s'il avait lu dans ma pensée, Sébastien a dit :

— Elle préfère voyager seule.

San Clemente
(Californie)

Le 6 janvier 1989

À Tijuana, en approchant de la frontière américaine, l'autoroute d'Ensenada fait place à un chemin urbain où la densité de la circulation m'a rendu nerveux. À une intersection, j'ai aperçu un peu tard le panneau «ALTO». Je roulais toutefois très lentement et c'est tout juste si l'avant de la Mustang a dépassé de quelques centimètres la ligne blanche du passage pour piétons.

Aussitôt reparti, j'ai aperçu dans le rétroviseur une voiture de police qui nous rattrapait. Le policier assis sur le siège du passager m'a fait signe d'arrêter. J'ai obéi.

L'autre agent s'est approché tandis que je baissais ma vitre.

Il a commencé par s'excuser de mal parler l'anglais, mais a entrepris de s'exprimer tout à fait clairement dans cette langue. Il m'a d'abord expliqué qu'il était interdit de s'arrêter dans les passages pour piétons. Qu'il pouvait nous emmener au poste de police, où nous paierions une amende de quinze à vingt dollars. Mais que, si nous étions pressés, nous pouvions en payer tout de suite cinquante.

— Remonte ta vitre et pars, on est à une minute de la frontière, m'a ordonné Sébastien.

J'ai tendu à l'agent mon permis de conduire et mon certificat d'immatriculation.

— Écoutez, nous ne sommes pas si riches, ai-je dit au policier. Allons au poste de police.

L'agent a hésité. Ce n'était pas ce qu'il souhaitait.

— C'est votre premier voyage au Mexique ?

— Oui, ai-je un peu menti en me demandant si mes excursions en barque de l'autre côté du Rio Grande pouvaient être considérées comme des voyages au Mexique au sens de la loi pour un policier qui se fichait de celle-ci comme de sa dernière chemise.

— Dans ce cas, ce sera vingt-cinq dollars seulement, parce que c'est votre première fois, fit l'agent avec le plus large et le plus hypocrite des sourires.

— Tu veux que je lui casse la gueule ? m'a offert Sébastien en français et en affichant lui aussi son plus beau sourire.

J'ai sorti les billets de mon portefeuille.

— Tu ne vas pas payer ce salaud ? a encore protesté Sébastien.

Le policier a glissé discrètement les billets dans sa ceinture et s'est éloigné. Une fois la frontière passée, j'ai fait remarquer à Sébastien que j'avais tout de même réussi à faire baisser de moitié le tarif de l'agent.

Malibu
(Californie)

Tout a commencé par des bouts de conversation tout à fait anodins, tandis que nous roulions sur une autoroute qui contournait interminablement Los Angeles.

Je pensais à Kim et à son départ subit. Par je ne sais quel enchaînement d'idées, il m'est venu à l'esprit que Sébastien avait pu la faire disparaître. Oui, la tuer. Peu importe comment et pourquoi, je me suis mis à imaginer que, l'autre jour, pendant que je marchais sur la plage, Sébastien avait pu se quereller avec elle, la tuer d'un coup de couteau ou la noyer. Et il aurait eu le temps de se débarrasser de son cadavre et de son sac à dos avant mon retour.

En fait, je n'ai pas un instant considéré cette possibilité sérieusement. J'avais tout à coup une idée de roman policier. Un voyageur, au Mexique, recueille un couple de jeunes auto-stoppeurs. Pour une raison ou pour une autre, le garçon tue sa compagne et attache son corps sous la caravane du voyageur. Il disparaît, et le voyageur continue à faire le tour du Mexique, en pestant contre les chiens qui rôdent, de plus en plus nombreux et insistants à chaque étape, autour de sa caravane.

Je ne savais pas ce qui se passerait ensuite dans ce roman. Mais je me disais qu'un petit roman policier pas trop compliqué serait peut-être le meilleur moyen de me sortir de ma panne d'écriture. Cette histoire m'avait toutefois — de façon subliminale peut-être — mis dans la tête que Sébastien pouvait être un assassin.

C'est le moment qu'il a choisi pour me dire :

— Tu sais que c'est grâce à toi que je suis maintenant un homme libre ?

— Oui ?

— C'est toi qui m'as surnommé Mauro-vaches.

— Ce n'est pas Cazelais ?

Je ne mentais pas. Il me semblait bien que c'était plutôt Raymond Cazelais, un chef de publicité pas particulièrement brillant, qui avait trouvé ce surnom pas particulièrement brillant, lui non plus, allusion peu subtile au fait que Sébastien Mauro n'était pas le plus enthousiaste des rédacteurs publicitaires. Mais il avait peut-être raison : je pouvais en avoir été l'auteur.

— Ce n'était pas bien méchant.

— Non, c'était seulement stupide.

Pour la première fois, j'ai cru sentir un peu d'agressivité envers moi dans les propos de Sébastien.

— Mais je t'en suis reconnaissant, s'est-il repris aussitôt. C'est un peu à cause de ce surnom-là que j'ai senti que je n'étais pas à ma place chez MTL. Autrement, je serais peut-être encore là ou dans une autre agence, en train de chercher un nouveau moyen de vendre une vieille marque de bière.

Nous en sommes restés là pour un long moment. La circulation était de plus en plus lente. À gauche, de l'autre côté de l'autoroute, nous avons fini par apercevoir plusieurs voitures de police entourant une Corvette à l'avant défoncé. Il y avait un homme — mort, sûrement — à plat ventre sur la chaussée. Et des agents achevaient de dérouler un grand ruban jaune pour empêcher la foule de s'approcher. Le bouchon, de notre côté, était simplement causé par des conducteurs qui ralentissaient pour regarder la scène. Cela dut nous rappeler à tous les deux les files d'automobilistes qui s'arrêtent devant les ours de Yellowstone pour les photographier, car Sébastien m'a demandé aussitôt :

— Passes-tu par Yellowstone ?

J'ai d'abord répondu que non. Mais, un instant plus tard, je n'étais plus tout à fait sûr que je n'irais pas à Yellowstone. L'endroit ne m'intéressait pas au plus haut point. Toutefois, je devinais que Sébastien songeait à se séparer de moi pour y aller. Et je me suis mis à envisager sérieusement de faire le détour avec lui.

— C'est bizarre, ai-je pensé tout haut. Quand tu es avec moi, il ne m'arrive jamais rien. Lorsque je suis tout seul, on me dégonfle mes pneus, ou je passe à un cheveu de me faire voler la Mustang et la caravane...

Sébastien n'a rien dit. La circulation s'est quelque peu dégagée.

Loin à droite, les gratte-ciel de Los Angeles me firent penser à Montréal.

— Des fois, ai-je dit plus ou moins sérieusement, j'ai presque hâte de revoir Montréal. Toi, depuis quand es-tu sur la route?

— La fête du Travail.

Tiens, Sébastien Mauro était à Montréal quand j'en étais parti?

J'avais toujours eu l'impression, parce qu'il faisait du stop, qu'il voyageait plus lentement que moi et que je le rattrapais lorsque je l'avais rencontré, en Floride. Au contraire, c'est lui qui avait quitté Montréal le dernier.

C'est alors que tout s'est enchaîné — comme dans un roman policier, lorsque naissent les premiers soupçons sur l'identité du coupable et qu'on se remémore un à un tous les indices que l'auteur a semés au fil des pages précédentes.

Je me rendais compte que, si j'avais des ennuis lorsqu'il n'était pas avec moi alors que je n'en avais jamais en sa compagnie, ce n'était peut-être pas une coïncidence.

Ainsi, il était à Montréal au moment de mon départ. Il avait pu crever les pneus de la caravane. Il avait pu me rattraper en Virginie et détacher la caravane. Ensuite, dégonfler les pneus de la Mustang — d'abord à Edisto, puis en Floride. Comme il voyageait en stop, sans plaque d'immatriculation québécoise, il n'était pas étonnant que je ne l'aie pas vu. Un auto-stoppeur n'est visible que lorsqu'il fait du stop sur le bord de la route. Je ne l'avais donc remarqué qu'au moment où lui-même avait choisi de l'être — à Pensacola, après qu'il eut encore dégonflé mes pneus à plusieurs reprises. Et tout à coup, comme par miracle, j'avais eu la paix tant qu'il avait voyagé avec moi. Aucun problème ensuite, jusqu'à la tentative de vol à Big Bend, lorsqu'il m'avait quitté encore. Était-ce lui, l'ombre que j'avais vue s'enfuir? Peut-être bien. Il pouvait aussi avoir mis par exprès le réchaud en travers des bornes de la batterie, près de l'allume-feu et du charbon de bois. Et maintenant que je l'avais rattrapé, mes problèmes s'étaient de nouveau évanouis.

Peu à peu, la vérité se révélait à moi, tandis que nous roulions au pas, sur l'autoroute suffocante, dans la circulation ralentie par un autre bouchon.

Sébastien Mauro connaissait Larry Sirois, qui était passé à un cheveu de l'engager. Il avait pu obtenir mon itinéraire. Il lui était donc facile de me rattraper à chaque étape ou presque. Perpétrer des méfaits à la faveur de la nuit, rien de plus facile pour un type qui a fait la guerre d'Algérie! Mille fois plus facile, en tout cas, que pour Alice Brodeur que j'avais injustement soupçonnée.

Quant aux raisons qui pouvaient pousser Sébastien Mauro à me tourmenter, j'avais l'embarras du choix. Il avait pu apprendre que j'avais conseillé à Larry Sirois de ne pas l'embaucher. Il pouvait connaître Judith Archambault ou Laurette Larose. Il pouvait avoir lu mes romans et les détester suprêmement (quoique, je suis le premier à le reconnaître, les cas de lecteurs se vengeant sur les mauvais auteurs sont extrêmement — sinon exagérément — rares dans l'histoire de la littérature). Surtout, il y avait «Mauro-vaches»! Ce surnom, il l'avouait, l'avait forcé à se transformer en vagabond sans le sou.

Tandis que nous dépassions Los Angeles, puis Santa Monica, à la recherche du parc d'État Leo Carillo, je me suis souvenu d'un cas semblable : le mien. J'en ai toujours voulu à mon père de m'avoir prénommé Bernard, depuis ce jour de rentrée au collège où un professeur avait pris les présences en nommant chaque élève par l'initiale de son prénom suivie de son nom de famille.

— B. Cossette ? avait-il appelé quand était venu mon tour.

— Présent !

— Petite bécosse, avait murmuré une voix derrière moi, assez fort pour que la moitié de la classe l'entende et se mette à rire d'un rire gras et stupide, tandis que le professeur me regardait d'un œil noir comme si c'était moi qui avais fait rire mes camarades.

Le surnom « Bécossette » m'est resté pendant toutes mes années de collège et d'université. J'avais beau être premier de classe, faire des efforts surhumains pour jouer convenablement au hockey, m'habiller de la façon la plus anonyme possible, rechercher la compagnie de mes condisciples les plus branchés, il n'y avait rien à faire : ce surnom me collait après, comme une deuxième peau. Le pire, c'est que je n'ai jamais réussi à découvrir quel élève avait dit « petite bécosse » la première fois, et je n'eus ainsi aucune possibilité de me venger de lui, ni même de lui en vouloir personnellement. Ce fut mon père qui devint l'objet de mon animosité. Je savais bien qu'il n'avait pas fait exprès de m'affubler d'une initiale aussi ridicule. Mais je lui en voulais, viscéralement. Au point de me réjouir lorsqu'il mourut, emporté par l'emphysème.

Ce n'est qu'en sortant de l'université pour entrer au service de ma première agence de publicité — Brownfield, Jones — que j'eus enfin l'occasion de m'en débarrasser par une astuce qui m'évita de voir « B. Cossette » sur toutes les listes de copies conformes des notes de service et des procès-verbaux. Je me fis appeler Bernard F. (pour Félix, prénom de mon parrain) Cossette, et le problème disparut à tout jamais.

N'empêche que même aujourd'hui, quand je vois des toilettes extérieures — ces malodorantes «back houses» qui sont justement à l'origine du mot «bécosse» —, je maudis la mémoire de mon père.

Et je comprends mieux que personne à quel point Mauro-vaches peut m'en vouloir de lui avoir infligé ce surnom.

Je songeais à tout cela tandis que Sébastien, assis à côté de moi, regardait le paysage, l'atlas routier déployé sur les genoux à la page de la Californie.

Tout à coup je me suis souvenu d'Alice Brodeur. Pendant quelques instants, le sentiment de culpabilité qui m'enva-hissait chaque fois que je pensais à elle m'est revenu. Mais la culpabilité a vite fait place à la rage : c'était à cause de Sébastien Mauro que j'avais balancé sa voiture dans le canal, alors que je m'apprêtais justement à faire plus ample connaissance avec elle. Qui sait, peut-être cela avait-il mis fin au plus grand amour de ma vie ? Et je me suis mis à le détester profondément.

À quoi voulait-il en arriver avec moi ? Pas seulement à me faire rebrousser chemin. J'étais à l'autre bout de l'Améri-que ; quelle satisfaction tirerait-il de me forcer à rentrer chez moi, maintenant ? Il devait chercher une vengeance exemplaire — laquelle ?

C'est alors que la réponse m'est tombée dessus comme une tonne de briques : ma mort. Sébastien Mauro veut ma mort. Il a tenté de saboter ma voiture, mais ça n'a pas réussi. Le réchaud placé en travers des bornes de la batterie dans l'espoir de m'envoyer *ad patres* a échoué, lui aussi. La seule façon de s'assurer qu'il aura ma peau, c'est de rester près de moi et de guetter l'occasion.

— Quelque chose ne va pas ? m'a-t-il demandé alors que nous roulions le long du Pacifique, peu après avoir traversé la petite ville de Malibu.

— Moi ? Non. Un peu fatigué, peut-être.

— Tu veux que je conduise ?

— Je préfère pas.

Je me suis arrêté à une station-service. Après avoir fait le plein, j'ai fait semblant de procéder à un examen général de mon équipage. Et je me suis penché nonchalamment pour regarder sous la caravane.

Le cadavre de Kim n'y était pas, bien entendu. Sébastien m'a par contre fait remarquer que la porte semblait avoir été forcée. Au Mexique, peut-être, pendant que nous étions au restaurant? Comme si je n'avais pas assez d'ennuis comme ça. Mais ce n'est pas bien grave : seul le haut de la porte ferme mal. Je vais poser un verrou.

Le 14 janvier 1989

Après avoir passé, hier soir, plus d'une heure à raconter au Macintosh mes mésaventures de la journée et mes soupçons à l'égard de Sébastien Mauro, j'ai fait volte-face en attendant dans mon lit que le sommeil vienne, et je suis parvenu à me convaincre qu'il est le plus pacifique des individus. Ses accès de violence sont rares. En fait, la seule fois qu'il est passé aux actes, à Grand Isle, c'était justement pour me protéger. S'il avait voulu que je meure, il n'avait qu'à laisser faire le gros Exxonien. Mais aurait-il été vraiment vengé si quelqu'un d'autre avait accompli sa vengeance?

En me levant, j'ai tenté de reprendre le cours de la vie normale. Sébastien avait fait du café. Nous l'avons bu ensemble. Malibu est trop loin pour que j'aille y chercher le journal. Sébastien était d'excellente humeur et j'ai retrouvé peu à peu la mienne. Après le petit déjeuner, j'ai essayé de courir dans le camping. Je n'ai pas fait vingt pas : j'ai ressenti un coup de couteau dans la cheville, plus mordant que jamais.

Par contre, dès que je me contentais de marcher, la douleur disparaissait presque entièrement.

Au pas, j'ai emprunté le sentier qui monte derrière le camping. La pente est abrupte et on domine bientôt le paysage : l'océan qui vient se briser sur la plage, le parc presque désert coincé dans un ravin, et les hautes collines à l'intérieur des terres, où les rares maisons doivent jouir d'une vue incroyablement belle et d'une paix absolue. Loin au sud, un nuage brunâtre, bas au-dessus de l'horizon, annonce la présence de Los Angeles.

En approchant du sommet, j'ai rejoint Sébastien. J'ai ralenti le pas, je me suis efforcé de me pencher avec lui sur les rares fleurs et sur les crottes d'animaux sauvages qu'il examinait comme s'il se prenait pour le dernier des Mohicans.

En haut de la colline, Sébastien a fait une pause. À nos pieds, une pente à pic dégringolait vers le fond d'un canyon asséché. Une chute en cet endroit aurait été mortelle. J'ai été incapable de m'approcher de lui. Je suis resté à cinq pas au moins, prêt à courir sur ma cheville blessée s'il avait fait mine de me toucher.

A-t-il remarqué quelque chose ? C'est difficile à dire. De retour à la caravane, j'ai sorti le Macintosh. Comme chaque fois que je m'installe pour écrire, Sébastien s'est éloigné.

Et je reste là, à scruter l'écran, comme si celui-ci pouvait me dire si je deviens paranoïaque ou si ma vie est réellement en danger. Chaque minute qui passe me voit changer d'avis et me convaincre tantôt de l'un, tantôt de l'autre.

Big Sur
(Californie)

À première vue, j'ai été déçu de Big Sur. J'avais imaginé une route vertigineuse sur des falaises surplombant l'océan, alors qu'elle se contente de serpenter dans une forêt de séquoias d'où on n'aperçoit jamais la mer. Seul souvenir visible du grand écrivain du lieu : la « Bibliothèque commémorative Henry Miller », dans un petit bâtiment de rondins. Nous ne l'avons pas visitée.

Nous avons fait le tour du parc d'État Pfeiffer Big Sur. Il n'est pas mal, avec ses immenses séquoias, mais l'horizon est bloqué de tous les côtés par les collines et par les arbres. C'est tout juste si on aperçoit quelques coins de ciel çà et là au milieu des branches.

— J'aurais préféré le bord de la mer, ai-je grimacé.

— On n'a qu'à essayer les chemins de l'autre côté de la route, a suggéré Sébastien.

— On peut toujours.

Le premier petit chemin était marqué d'une enseigne « PRIVATE ». Sébastien a insisté pour qu'on l'explore quand même. Après un moment, nous sommes arrivés devant une grande maison. Sur une échelle, un homme qui repeignait la façade nous a regardés avec hostilité. Nous avons fait demi-tour. Le second petit chemin, sans enseigne aucune, n'était que deux traces de roues dans des herbes folles. J'y ai roulé précautionneusement et nous sommes bientôt arrivés sous de grands arbres bordant un espace dégagé par les grands vents soufflant du Pacifique.

C'est un endroit extraordinaire, avec une vue à couper le souffle. J'ai installé la caravane sous le dernier séquoia, juste avant une pente qui descend doucement vers la falaise.

Sébastien a encore examiné la porte de la caravane. Il m'a conseillé de ne pas trop tarder à poser un verrou. D'après lui, la porte, qu'il peut surveiller par le rétroviseur extérieur, vibre de plus en plus quand on est en route.

À la quincaillerie du village, Sébastien m'a recommandé un loquet à cadenas. Avec un cadenas en plus de la serrure, la caravane sera mieux protégée des voleurs.

J'ai aussi acheté une perceuse à piles, même si Sébastien m'affirmait qu'un clou et un marteau suffiraient pour percer les trous des vis. De retour sur la falaise, il a commencé à poser le loquet sans que je le lui aie demandé.

C'est en le regardant faire que j'ai compris où il voulait en venir.

Jusqu'à présent, il était impossible d'enfermer quelqu'un dans la caravane. De l'intérieur, la poignée dégage la serrure lorsque celle-ci est fermée à clé. Avec le nouveau loquet, Sébastien n'a qu'à me laisser entrer. Il pousse le loquet, met le cadenas. Ensuite, il n'a plus qu'à pousser la caravane vers la falaise.

Sébastien a terminé son travail. Il avait l'air satisfait.

— Ça ne sera pas facile d'ouvrir cette porte-là sans les clés, a-t-il dit.

Il s'est ensuite mis en devoir de préparer son hachis au corned-beef — moins délicieux que d'habitude, m'a-t-il semblé.

Nous nous sommes assis sur la falaise, avec le Pacifique à nos pieds, pour regarder le soleil se coucher. La nuit est tombée, noire. Le vent s'est tu. Le silence est total, à part le bruissement des vagues qui viennent mourir au pied de la falaise et le cliquetis intermittent de l'ordinateur portatif, posé sur mes genoux tandis que je fais dans l'obscurité encore plus de fautes de frappe que d'ordinaire, en espérant que je serai capable de me relire demain.

— Quelqu'un sait que je voyage avec toi ? a demandé Sébastien tout à coup.

— Non, ai-je répondu sans réfléchir.

Aussitôt, j'ai eu l'impression d'avoir signé mon arrêt de mort. Si personne ne sait que Sébastien voyage avec moi, rien de plus simple que de me faire disparaître sans éveiller de soupçons.

Après quelques instants, j'ai essayé de me rattraper.

— Je pense avoir parlé de toi à Larry Sirois, au téléphone, à El Paso.

— Larry Sirois ?

— Le type des Productions Entre Deux Oreilles. Il voulait t'engager.

Deuxième gaffe — pire encore, celle-là, parce que cela revient à avouer que c'est à cause de moi s'il n'a pas été embauché.

Il ne dit rien.

J'ai envie de lui demander s'il a parlé de moi à quelqu'un. Mais il lui serait trop facile de mentir.

J'attends qu'il aille se coucher le premier. Pas question que j'entre dans la caravane avant lui.

Carmel
(Californie)

Le 21 janvier 1989

Nous avons passé presque toute la journée d'hier sur la falaise de Big Sur, toujours en silence, dans nos chaises pliantes, comme si nous étions en train de nous épier l'un l'autre.

J'avais mal dormi — peut-être pas du tout —, à prêter l'oreille au moindre bruit. Sébastien a ronflé, lui. Ou fait semblant.

Vers midi, lorsqu'il m'a demandé s'il restait de la bière, j'ai failli me lever pour aller en chercher dans le frigo. C'était sûrement ce qu'il voulait. J'ai répondu qu'il n'y en avait plus. Et j'ai été sur mes gardes toute la journée. Je ne suis pas entré une seule fois dans la caravane. Lorsque Sébastien m'a appelé pour dîner, je lui ai demandé de m'apporter mon assiette dehors.

Il se doutait sûrement de quelque chose. Il m'a demandé à deux reprises si j'allais bien. Je lui ai répondu qu'il n'y avait pas de problème. Mais il était évident que nous ne pourrions pas rester comme ça. Une nuit de plus et je devenais fou.

— Préfères-tu que je m'en aille ? a offert Sébastien comme s'il avait deviné le sujet de mes préoccupations.

— Non.

Tant que je l'avais sous les yeux, je pouvais me protéger.

Après le dîner sur la falaise, j'ai décidé d'aller trouver la *highway patrol*.

— Je vais prendre un verre en ville. Tu viens ? ai-je offert à Sébastien en espérant qu'il refuserait.

Il a refusé. Dans la voiture, sur la grand-route, j'ai imaginé le dialogue suivant avec un membre de la brigade routière californienne :

— Que puis-je faire pour vous, monsieur ?

— Un de mes amis veut me tuer.

— Comment ?

— En me poussant dans ma caravane, du haut de la falaise.

— Et pourquoi veut-il vous tuer ?

— Parce que je lui ai donné un surnom.

— Lequel ?

— Un surnom français. C'est intraduisible.

— Je vois. Voulez-vous qu'on envoie quelqu'un pour parler à votre ami ?

— Non. Laissez tomber. Je crois qu'on va essayer de s'entendre.

— C'est toujours la meilleure chose à faire.

J'ai renoncé à voir la police.

Au premier bar, j'ai pris trois bières et le temps d'étudier calmement ma situation. D'abord, se pouvait-il que mon imagination me joue des tours et que Sébastien Mauro n'ait aucune intention de me tuer ?

Non. Tout concordait. Personne d'autre que lui ne pouvait m'avoir causé tous ces ennuis depuis quatre mois. Le loquet à cadenas ne pouvait servir qu'à une chose : m'enfermer dans la caravane. Et la porte — j'aurais pu y penser plus tôt — a sûrement été brisée par Sébastien lui-même, tandis que je me promenais sur la plage, à Ensenada.

J'ai été tenté de partir avec la Mustang et d'abandonner sur la falaise la caravane et Sébastien. Mais cela ne l'empêcherait aucunement de se lancer à mes trousses.

Je suis retourné le retrouver sur la falaise. Il était toujours sur sa chaise pliante et écrivait dans son cahier rouge devant le coucher de soleil, qui méritait incontestablement la note «dix sur dix». J'avais acheté un «six-pack». J'ai passé une bière à Sébastien et je m'en suis ouvert une à moi aussi.

— Je vais aller porter les autres au frigo, a-t-il offert en prenant le sac.

Il s'est levé, a laissé son cahier sur la chaise et est entré dans la caravane en fermant la porte derrière lui. Je l'ai suivi. J'ai tiré le loquet, tout doucement pour ne pas faire de bruit, j'ai inséré la tête du cadenas dans les trous, j'ai poussé pour le fermer.

J'ai couru au timon de la caravane, je l'ai soulevé et je me suis mis à pousser de toutes mes forces.

— Qu'est-ce que tu fais? a demandé Sébastien.

— Je pense qu'on va être mieux par là-bas.

Il y avait quelques mètres de terrain à peu près plat avant la descente vers la falaise. C'était le plus dur. Pourtant, soit qu'il fût plus facile que je ne l'imaginais de pousser la caravane, soit qu'un sursaut d'adrénaline m'eût donné une force que je ne me connaissais pas, je parvenais à avancer à grands pas.

— Ça va pas, la tête? a crié Sébastien en me regardant par le coin le moins noirci du pare-brise.

Je poussais la caravane de plus en plus rapidement, à mesure que s'amorçait la descente. Si j'avais voulu changer d'avis, il ne m'aurait plus été possible de la retenir. Sébastien me regardait de l'intérieur, horrifié. Il secoua la porte de toutes ses forces. En vain.

J'ai glissé dans l'herbe et lâché le timon de la caravane, qui s'est mise à rouler de plus en plus vite. Elle avait une cinquantaine de mètres à faire avant le bord de la falaise. Il suffisait de quelques secondes encore avant que je sois débarrassé pour de bon de Mauro-vaches.

Je l'ai vu, à l'intérieur, qui cherchait à prendre son élan pour enfoncer la porte. Il a disparu de ma vue un instant. Sans doute avait-il trébuché. Il s'est relevé, a donné un premier coup d'épaule contre la porte, qui a tenu le coup. Il a repris

son élan, et cette fois les charnières de la porte ont cédé, le
haut de celle-ci ne demeurant retenu que par le verrou cade-
nassé. Mais la caravane était arrivée au bout de sa course.
Sébastien est tombé dans le vide. L'un comme l'autre ont
disparu de ma vue.

Le cœur battant, je me suis approché du bord de la falaise.
Et si Sébastien était parvenu à s'accrocher à un buisson ? J'ai
ramassé un bout de bois bien solide.

Je suis arrivé au bord. Personne. La caravane flottait encore à moitié, secouée par la mer. Un instant, j'ai cru apercevoir
un corps qui disparaissait dans les flots. Puis plus rien. Ni
corps ni caravane. Que des vagues énormes qui se brisaient au
pied de la falaise en soulevant des montagnes d'écume.

J'ai regardé autour de moi, pour m'assurer qu'il n'y avait
pas eu de témoin. Au pire, j'aurais pu prétendre que c'était un
accident, que la caravane s'était mise à rouler toute seule et
que j'avais glissé en tentant de la retenir.

Mais il n'y avait personne en vue, pas de bateau dans
l'océan ni d'avion dans le ciel. J'ai pris le cahier rouge. Je l'ai
jeté à la mer.

— Avec les compliments d'Alice Brodeur, ai-je dit — à
haute voix, je crois.

J'ai aussi jeté à la mer une chaise pliante et placé l'autre
derrière les sièges, dans la Mustang, alors qu'elle était jusque-
là rangée sous la table, dans la caravane.

J'écris ces lignes dans un motel de Carmel. Dans quelques jours, je téléphonerai à ma compagnie d'assurances pour
l'aviser qu'on m'a volé la caravane en Oregon.

Demain, j'achèterai une petite tente et un matériel de
camping rudimentaire : un petit réchaud à trépied comme celui
que j'avais avant Yuma, des bonbonnes de gaz, des gamelles.
Il me reste suffisamment de vêtements dans le coffre de la
voiture. Je n'ai aucune raison de ne pas poursuivre mon voyage.

Montréal

Il y a presque un mois que je suis rentré de la côte du Pacifique.

Je ne me suis servi de ma tente toute neuve que trois fois, en Oregon, où il pleuvait sans arrêt. Dans un bar d'Astoria, les gens de l'endroit m'ont laissé entendre que la pluie pouvait fort bien continuer encore pendant des semaines entières. Je suis parti en obliquant vers les Rocheuses au lieu de poursuivre vers le nord par la côte, abandonnant ainsi quelques États longeant la frontière canadienne et les remplaçant par ceux du rang suivant.

Pour rentrer à Montréal, j'ai mis six jours, en roulant sans arrêt jusqu'à la tombée de la nuit et en couchant dans des motels bon marché.

Aucune journée de ce voyage n'a toutefois été plus abominable que celle de mon arrivée à Montréal.

Monsieur Casaubon, le concierge, m'a remis un grand sac poubelle rempli de courrier, et s'est étonné de me revoir si tôt, alors que je ne devais rentrer qu'en avril.

— C'est un peu dur de vivre comme ça, tout seul, loin de tout le monde, lui ai-je expliqué parce que j'avais commencé à le croire.

— Et votre caravane ? s'est-il inquiété en étirant le cou vers la Mustang stationnée toute seule devant la porte.

— Vendue.

Je suis monté chez moi, j'ai dépouillé mon courrier.

L'enveloppe de la Commission du Droit de Prêt public a été la première ouverte. J'ai droit, à titre d'indemnisation pour l'emprunt de mes œuvres, à un chèque de plus de mille dollars, puisque mes livres sont encore présents dans la majorité des bibliothèques sondées.

Deuxième enveloppe ouverte : celle provenant du Conseil des Arts du Canada et m'annonçant qu'on me refusait la bourse demandée. Cela tombe bien : je serais très embarrassé de me sentir forcé d'écrire.

J'ai aussi rapidement ouvert un paquet contenant mon t-shirt de la Coupe Cajun. Trop petit.

Ensuite, rien de spécial à première vue. J'avais bien planifié mon voyage et réglé d'avance tous mes comptes. Je n'avais oublié qu'une police d'assurance-vie. La compagnie m'a envoyé une série de factures, puis des lettres me menaçant de suspendre l'assurance, et une dernière m'avisant que celle-ci était annulée. Cela ne me fait ni chaud ni froid. Faute de véritables héritiers, je n'ai pas besoin de cette assurance contractée lorsque Julie avait eu un enfant et que je persistais à payer au cas où je finirais par me trouver une héritière.

La compagnie de radiotéléphone m'annonçait qu'il existait dorénavant un moyen simple de faire suivre mes appels n'importe où au Canada et aux États-Unis. Où que je sois, il me suffira d'appuyer sur l'astérisque et de faire le 18, et tous les appels seront alors acheminés automatiquement à cet endroit. Dommage qu'ils n'y aient pas pensé plus tôt. Cela m'aurait évité de m'efforcer d'être toujours près du lieu mentionné dans mon itinéraire. Je n'aurais même pas eu besoin d'itinéraire. Il m'aurait été impossible de croire Alice Brodeur ou Sébastien Mauro capables de me suivre de cette manière. Et alors...

Mais le clou de mon courrier — si tant est que du courrier pût avoir un clou — fut une lettre de la Monarch Corporation, de Brantford, en Ontario. Elle était datée d'octobre — quelques semaines après mon départ. Je la retranscris textuellement, fautes d'ordinateur comprises :

Cher Madame Cossette Bernard,

Nous tenons à porter à votre attention une défectuosité dans un ou plusieurs des pneus qui équipent votre voiture — et qui portent des numéros de série entre NB67094352 et NB67094876.

Certains changements brusques dans les conditions atmosphériques — en particulier un abaissement rapide de la température à la suite d'une période de canicule — peuvent affecter l'étanchéité de la valve et occasionner une baisse considérable de pression de ces pneus, en quelques heures seulement, lorsqu'ils sont en position arrêtée.

Bien que ces pneus ne présentent aucun risque routier — puisqu'il n'a été porté à notre connaissance aucun cas de dégonflement en route — nous vous recommandons de les faire remplacer.

Et nous vous faisons pour cela une offre particulièrement avantageuse.

Nous vous accorderons, pour tout pneu portant un numéro de série entre NB67094352 et NB67094876, un crédit à l'achat d'un nouveau pneu du même type et des mêmes dimensions, d'une valeur égale au prix de vente du pneu neuf, moins le pourcentage d'usure de chaque pneu, tel que mesuré selon nos procédures habituelles.

Pour profiter de cette offre, il suffit de prendre rendez-vous avec votre détaillant agréé Monarch.

Nous espérons que vous nous excuserez pour tout inconvénient que cette défectuosité mineure a pu vous causer et nous vous prions, cher Madame Bernard, d'agréer l'expression de nos sentiments les meilleurs.

La lettre était signée par le directeur du service à la clientèle de la Monarch.

Je l'ai relue, puis relue encore, de plus en plus atterré chaque fois.

J'avais tué un homme que je soupçonnais de dégonfler mes pneus, alors qu'il s'agissait d'un vulgaire défaut de fabrication !

Pourtant, cela semblait impossible. Un défaut de fabrication des pneus de la Mustang n'avait pu crever les pneus de la caravane le matin de mon départ. À moins que cet incident n'eût été isolé des autres.

Oui, mais c'étaient les pneus avant gauche et arrière droit qui se dégonflaient au début, alors qu'ensuite ce furent les deux du côté gauche. Fébrilement, je suis descendu à la voiture, j'ai regardé les numéros de série des pneus. Seuls les pneus gauches portent les numéros de série des pneus rappelés. J'ai consulté ensuite le guide d'entretien de la Mustang : l'entretien des douze mille kilomètres que j'ai fait faire en Floride comprenait la rotation des pneus. Cela explique que les dégonflements aient eux aussi fait une rotation.

Catastrophé, je suis remonté à mon appartement. Il est maintenant évident que les crevaisons du jour de mon départ sont l'œuvre de voyous de mon quartier, comme je l'avais d'abord pensé. La tentative de vol est sans doute le fait d'un brigand mexicain. Quant à l'attelage mal fixé, en Virginie, ce peut être le résultat de ma propre négligence — comme l'incendie près de Yuma.

La conclusion est claire : j'ai tué un homme qui ne m'a rien fait. Bien au contraire, c'était moi qui l'avais affublé du surnom de Mauro-vaches. Et, à bien y penser, malgré ses bizarreries, Sébastien était un compagnon de voyage plutôt agréable. Pendant les deux mois que j'ai passés avec lui, je ne me suis jamais ennuyé. Il m'a même défendu à Grand Isle… et cela m'a fait croire qu'il était violent ! Je l'ai tué, pour une simple question de pneus qui se dégonflaient à cause d'un défaut de fabrication.

J'ai envie d'écrire à la Monarch une lettre indignée et injurieuse, mais je ne trouve aucune manière de leur dire, sans m'incriminer : «Bande de salauds, à cause de vos pneus pourris, j'ai tué un homme.»

Le 2 avril 1989

Je n'arrive pas plus à écrire depuis mon retour que pendant mon voyage. Chaque fois que j'allume le Macintosh, je revois le visage de Sébastien encadré par le pare-brise de la caravane, au moment où celle-ci va tomber dans l'océan.

Est-ce le remords ou l'inquiétude qui me tourmente? La révélation que mon état de légitime défense était tout à fait imaginaire fait de moi, théoriquement, un assassin. La prochaine fois que je rencontrerai un avocat, il faudra que je lui demande si le fait de se *croire* en légitime défense en constitue une aux yeux de la loi.

Comble de malheur, mon histoire de voyageur qui se fait voler toutes ses affaires pendant qu'il se baigne nu sur une plage vient d'être publiée par un auteur que je n'ai jamais lu. Je ne peux évidemment prétendre au plagiat, puisque je n'ai pas écrit une page entière de mon roman.

Pour me changer les idées, je me suis mis à songer aux «femmes de ma vie». Je suis passé hier au *Nom de Larose*. Il y avait derrière le comptoir une dame que je ne connaissais pas. C'est la nouvelle propriétaire du commerce. Elle m'a raconté que Laurette Larose est morte en couches — une histoire horrible, paraît-il, dont les journaux ont beaucoup parlé. Je n'ai pas demandé plus de détails.

La fleuriste m'a offert de me donner le numéro de téléphone de monsieur Larose. J'ai refusé, bien entendu.

Je suis rentré chez moi plus déprimé que jamais.

J'ai alors rappelé Larry Sirois dans l'espoir d'obtenir des nouvelles de Judith Archambault sans avoir à en demander. Je lui avais téléphoné, quelques jours après mon retour. Son émission sur l'activité physique avait fini par être acceptée, en janvier. Il avait attendu en vain mon appel (j'étais en Californie, ces jours-là, aux prises avec Sébastien Mauro, et j'avais d'autres chats à fouetter). Il s'était dit désolé d'avoir dû en confier la rédaction à quelqu'un d'autre. Mais je l'avais assuré que je ne lui en voulais pas. Je me demande d'ailleurs comment j'arriverais à travailler dans mon état d'esprit actuel.

— Tu sais que Judith s'est mariée? m'a-t-il enfin demandé après avoir longuement parlé de choses et d'autres qui ne m'intéressaient pas. Avec un type de Québec, qui travaille pour le gouvernement.

J'ai attendu qu'il m'en dise plus long. Mais il a enchaîné avec d'autres sujets qui m'ennuyaient encore plus.

Le 3 avril 1989

Ce matin, il m'a pris la fantaisie de savoir ce qu'il est advenu d'Alice Brodeur. Est-elle revenue en ville?

Il me plairait de la revoir. Mais il n'y a pas une seule Alice Brodeur dans l'annuaire du téléphone. Par contre, il y a vingt-sept A. Brodeur. J'ai appelé chaque numéro sans trouver personne qui connût une Alice Brodeur ayant été en Floride l'automne dernier.

Et si Alice avait déménagé chez sa sœur depuis son retour à Montréal? Pour la retrouver, il faudrait alors que je téléphone à tous les Brodeur de l'annuaire — il y en a cinq pleines colonnes. Et si sa sœur porte le nom de son mari, il faudrait que j'appelle des centaines de milliers d'abonnés. Adieu, Alice!

Le 13 avril 1989

Je viens de vendre la Mustang et j'ai obtenu de l'acheteur deux cents dollars de plus pour le radiotéléphone, qui m'en avait coûté mille six cents, ce qui revient à très cher l'appel.

Chaque jour, je m'attends à ce que la police arrive chez moi, même si je sais que c'est fort peu probable. Pour cela, il faudrait d'abord qu'on retrouve le corps et la caravane et qu'on établisse un lien entre l'un et l'autre. Plus le temps passe, plus je devrais me sentir tranquille. Pourtant, c'est l'inverse qui se produit.

Si un policier se présente à ma porte pour me parler de cette affaire, je suis décidé à tout avouer. J'ai même, parfois mais pas longtemps chaque fois, envie d'aller à la police, avouer mon crime. Mais il ne faut pas trop m'en demander.

J'ai pris la précaution de mettre ce journal de voyage — en voie de devenir journal tout court — à l'abri des regards indiscrets, à l'aide d'un logiciel de protection qui exige un mot de passe avant de laisser ouvrir un fichier.

Encore une fois, j'ai choisi 1941, seul chiffre que je ne risque pas d'oublier.

Tiens, j'allais justement oublier de noter le plus important : j'ai vu deux médecins depuis mon retour. Ils sont unanimes : ma douleur à la cheville est causée par l'arthrose, une dégradation de l'articulation, résultat d'une fracture que j'ai subie il y a une douzaine d'années. J'en étais alors à mes derniers mois chez MTL. Nous avions eu une séance de travail au Château Montebello. Un peu ou beaucoup ivre, j'avais sauté d'une fenêtre — pour des raisons dont je ne me souviens pas très bien ; mais je crois que je voulais attirer l'attention ou me suicider (et pourquoi pas les deux ?). La fracture, paraît-il, a été mal réduite. Après avoir couru dessus l'équivalent du tour de la Terre, j'ai fini par abîmer l'articulation de façon définitive.

Je ne peux plus courir sans risquer de me retrouver tôt ou tard dans un fauteuil roulant.

Les médecins me conseillent de faire du vélo, de la natation et un peu de marche. J'attends le retour du beau temps pour m'acheter une bicyclette.

Le 21 avril 1989

Avant-hier, j'ai reçu une lettre du notaire Jean-Chrétien Bachand, m'invitant à la lecture du testament de Sébastien Mauro, vendredi prochain à quatre heures.

J'en ai reçu un choc, mais je m'efforce de transformer cette missive en nouvelle rassurante.

Ainsi, on a dû trouver le cadavre. Le fait que la police ne m'ait pas interrogé à son sujet prouve qu'on est à cent lieues de me soupçonner.

Par contre, cette invitation à l'ouverture du testament de Sébastien m'intrigue au plus haut point. Je change d'avis cent fois par jour : un instant j'irai, le moment d'après je n'irai pas, pour faire encore volte-face cinq minutes plus tard.

Finalement, le pour l'emporte sur le contre. La curiosité, surtout : qu'est-ce que Sébastien Mauro peut bien vouloir me léguer (car je suppose qu'on ne m'inviterait pas à la lecture du testament si je n'héritais pas de quelque chose) ? Il est douteux qu'il ait eu une fortune considérable, sinon pourquoi serait-il parti ainsi sans ressources autour de l'Amérique ?

En m'abstenant, je risque surtout de mettre la puce à l'oreille de gens qui pourraient se demander pourquoi je n'y vais pas.

En y allant, je saurai tout ce qu'on peut savoir sur la mort de Sébastien.

La seule chose qui me fait hésiter encore, c'est l'impression qu'on peut m'avoir tendu un piège. Peut-être même Sébastien n'est-il pas mort et a-t-il survécu miraculeusement ? Je repousse cette idée absurde. Sébastien Mauro est mort. Il m'a mentionné dans son testament. Et je n'ai aucune raison de ne pas aller à la lecture de celui-ci.

Le 29 avril 1989

Je me suis habillé convenablement mais avec sobriété pour aller chez le notaire Bachand. C'était la première fois depuis mon départ pour les États-Unis que je mettais une cravate.

Je suis arrivé en avance et on m'a fait attendre dans un petit salon.

Une demi-heure plus tard est arrivée une femme en robe rouge. J'ai attendu avec elle une dizaine de minutes encore, tout en l'observant du coin de l'œil. Elle pouvait avoir trente-cinq ans, peut-être un peu plus. Plutôt jolie. Cheveux noirs. Yeux foncés.

Le notaire est enfin sorti de son bureau en congédiant deux clients à la tête de maffieux. Il s'est tourné vers la femme en rouge.

— Madame Mauro, lui a-t-il dit en lui tendant la main, je suis désolé de vous avoir fait attendre.

J'ai tout de suite conclu que c'était la femme de Sébastien.

En entrant dans le bureau du notaire, j'ai jeté un coup d'œil à ma montre. Quatre heures dix. Nous étions donc les seules personnes mentionnées dans le testament.

Le notaire nous a fait asseoir et en a débuté la lecture sans autre préambule.

Je n'ai pas écouté attentivement. J'attendais des explications sur la mort de Sébastien. Mais personne ne daignait m'en fournir, ni même annoncer qu'il était mort. Il est vrai que s'il ne l'avait pas été, on n'aurait pas été en train de me lire son testament. Je tripotais nerveusement ma cravate, et je me suis remis à porter attention quand le notaire a mentionné mon nom et la somme de cinq mille dollars.

— Donc, résuma le notaire, Sébastien Mauro cède tout ce qu'il possède — essentiellement, une assurance-vie — à

Geneviève Mauro, à l'exception de la somme de cinq mille dollars qu'il lègue à Bernard Cossette et que je dois lui remettre avec la lettre que voici.

Le notaire m'a tendu un chèque et une lettre sur laquelle étaient écrits à la main les mots « À Bernard Cossette ».

— Je peux la lire plus tard ?

— Bien sûr.

Geneviève Mauro a demandé encore quelques détails. Je me sentais mal à l'aise. J'aurais aimé me faire excuser, mais je cherchais tellement à agir normalement que je n'osais rien dire.

Finalement, le notaire et Geneviève Mauro se sont levés. Je me suis levé moi aussi. Nous nous sommes serré la main. J'ai suivi la jeune femme jusqu'à la porte de l'ascenseur et j'ai appuyé sur le bouton d'appel.

— Je suis désolé de vous poser cette question, madame Mauro, mais c'est la lettre du notaire qui m'a appris que Sébastien était mort. Savez-vous comment il est décédé ?

— On ne le sait pas, justement.

— Ah bon ?

Nous sommes entrés dans l'ascenseur. Je me sentais partagé entre l'envie d'aller lire ma lettre tranquillement à l'écart et celle d'inviter Geneviève Mauro à prendre un café ou un verre pour lui demander ce qu'elle savait de la mort de son mari.

Quand les portes de l'ascenseur se sont ouvertes, je n'étais pas encore parvenu à trancher.

— Si vous m'offrez un verre, je vous dirai tout ce que je sais sur la mort de Sébastien, a-t-elle dit.

— Très volontiers.

Rue Saint-Jacques, nous avons trouvé un bar paisible. Elle a commandé une demi-bouteille de vin blanc. J'ai dit à la serveuse que ça suffirait, puis j'ai changé d'avis et demandé qu'elle nous apporte plutôt une bouteille entière.

J'étais suspendu aux lèvres de Geneviève Mauro. J'attendais qu'elle me raconte ce qu'elle savait. Mais je n'osais montrer ma hâte et je cherchais à adopter l'allure la plus désinvolte possible, tandis qu'elle affectait d'avoir oublié la raison de notre présence dans ce bar. Lorsqu'elle eut terminé son premier verre de blanc, je n'y tins plus.

— Et alors, Sébastien?

— Comment il est mort?

— Oui.

— On ne le sait pas. On a retrouvé son corps sur une plage, près de Big Sur.

— Big Sur?

— C'est en Californie.

— Je l'ignorais.

— C'est là que vivait Henry Miller. La police ne sait pas s'il s'agit d'un meurtre, d'un suicide ou d'un accident. J'ai parlé à un policier au téléphone encore hier, et ils n'ont toujours pas le moindre indice.

— Ah bon?

— Il est mort noyé, alors qu'il était excellent nageur. Il était tout habillé. Et il avait des meurtrissures à l'épaule droite.

— Il est peut-être tombé d'un bateau?

— La police a interrogé tous les propriétaires de bateau. Aucun n'avoue avoir jeté à l'eau un de ses passagers.

— Donc, personne n'a rien vu?

— Non. C'est comme si on l'avait jeté là, sur la plage, après lui avoir donné des coups de massue sur l'épaule. Ce qui me désole le plus, c'est qu'on n'a pas retrouvé ses affaires. Depuis que Sébastien était parti, il m'envoyait des cahiers remplis de notes sur son voyage. Si je pouvais mettre la main sur son dernier cahier, je pourrais en faire un livre. J'ai déjà le titre: *Le Voyage inachevé*. Je sais que Sébastien ne se prenait pas pour un écrivain. Mais il écrivait quand même des choses très intéressantes.

J'ai fait semblant de trouver très original ce titre cucul. Je n'ai pas dit où est le dernier cahier : au pied de la falaise de Big Sur, il a été déchiqueté par les vagues ou avalé par un requin.

Tout à coup, j'ai pensé que, si elle avait les cahiers de Sébastien, il était nécessairement question de moi là-dedans.

— Vous les avez lus ?

— Les premières pages seulement. Je vais lire la suite quand je vais partir faire le même voyage que Sébastien.

Je suppose que j'ai alors réprimé un profond soupir de soulagement. Mais la peur m'a repris aussitôt : il faut absolument que je récupère les cahiers où il est question de moi.

— J'aimerais bien les voir.

— Je vous les prêterai peut-être, un de ces jours.

Geneviève Mauro m'a ensuite raconté sa vie de comédienne — ratée, si j'ai bien compris. Elle fait surtout des publicités. Il me semble l'avoir vue à la télévision. Elle a en tout cas une tête que j'utiliserais si j'étais encore dans le métier. Tout à fait le genre «jeune ménagère intelligente» ou «femme de carrière qui sait aussi jouir de la vie»: un visage agréable, sans rien de remarquable. Je parie qu'on peut la voir dans deux publicités de suite sans se rendre compte qu'il s'agit de la même personne.

Lorsque la bouteille de vin fut terminée, j'ai invité Geneviève Mauro à dîner. Elle a accepté. À la fin du repas, nous étions devenus très amis. Elle m'a parlé de Sébastien avec beaucoup d'admiration, et voulait que je lui raconte comment je l'avais connu. Mes souvenirs anciens de Sébastien sont plutôt vagues. Je me suis efforcé de dire que c'était un très chic type, avec lequel je m'étais toujours très bien entendu, le temps que nous avions travaillé ensemble. Ce qui, à bien y penser, n'est pas tout à fait faux. J'ai prétendu que Sébastien s'était ouvert à moi, lorsqu'il avait quitté MTL, de son intention de devenir écrivain. Cela a semblé faire plaisir à sa femme. Et ce n'était pas nécessairement faux. La majorité des rédacteurs publicitaires rêvent d'ecrire autre chose : scénarios, romans, poèmes, chansons. Sébastien avait fort bien pu me parler de son projet sans que je m'en souvienne.

Le vin aidant, je commençais à bien mentir, à apprivoiser mon rôle. J'ai parlé de moi, aussi. Très peu, car je ne semblais pas intéresser Geneviève Mauro outre mesure. Je me suis présenté comme un rédacteur publicitaire à la retraite, qui ne fait maintenant rien d'autre que d'écrire des romans. Bien entendu, j'ai prétendu avoir passé l'hiver à Montréal.

— Pourquoi ? m'a demandé Geneviève. Vous pourriez faire comme Sébastien et passer l'hiver au soleil, quelque part dans le Sud.

J'ai promis que j'y penserais.

Je me suis réveillé le lendemain — ce matin — avec un mal de bloc abominable, dans un lit inconnu, près d'une femme qui dormait en me tournant le dos.

J'ai fait un effort pour me souvenir des événements de la veille. Après le dîner avec Geneviève Mauro, nous étions allés prendre un dernier verre quelque part, puis nous étions rentrés chez elle et avions fait l'amour tant bien que mal, comme deux ivrognes.

Je me sentais plus coupable que jamais. J'avais assassiné Sébastien Mauro. Il m'avait légué cinq mille dollars. Et la première chose que je trouvais à faire, c'était de coucher avec sa veuve. Je me suis aussi demandé si je n'avais pas pu me trahir, après avoir tant bu. Mais Geneviève Mauro dormait toujours. Si j'avais trop parlé, la police aurait déjà été alertée.

Je me suis levé. Mes vêtements étaient jetés pêle-mêle sur une chaise. La lettre de Sébastien ! Était-elle toujours dans la poche intérieure de ma veste ? Oui. Elle n'était pas cachetée. L'était-elle lorsque le notaire me l'avait remise ? Il me semblait bien que oui. Mais c'était sans doute la sueur (j'ai sûrement sécrété des litres de transpiration, hier) qui avait fait fondre la colle.

Je me suis approché de la fenêtre et j'ai lu la lettre à la lueur du petit jour.

Cher Bernard,

J'aurais pu léguer ces cinq mille dollars à la Société protectrice des animaux, à Greenpeace ou à la Magnétothèque. Ou même les laisser, comme le reste, à Geneviève — qui se serait hâtée de les dépenser. Pourtant, j'ai préféré les laisser à l'individu le plus détestable que j'aie jamais rencontré.

Je n'ai jamais oublié Sylvie Landry. Ni Clara Pallascio. Ni ta lâcheté devant un client qui n'aimait pas le travail d'un de tes rédacteurs. Ni ton habitude de chantonner «Sébastien Mauro ressemble à son père...» chaque fois que j'entrais dans la salle de conférences. Ni ta xénophobie, ni ta misogynie, ni ton égocentrisme. Le jour où j'ai quitté MTL après trois ans de labeur pénible a été le plus beau de ma vie.

Lorsque est paru ton premier roman, j'en ai volé un exemplaire dans une librairie. Ce que je n'avais jamais fait de ma vie. Mais je n'avais pas envie de payer pour un de tes livres.

Ô merveille! Je l'ai lu en une nuit. Le matin suivant, je l'ai relu, à la recherche d'un signe qui me prouverait que ce n'était que du plagiat. Mais j'y reconnaissais des dialogues qui semblaient sortir tout droit de ta bouche. Ta méticuleuse phobie des coquilles, comme si les fautes typographiques étaient le crime le plus révoltant qu'eût pu commettre un concepteur publicitaire. Ton humour ambigu — dont on ne sait jamais s'il est volontaire ou non. Et puis aussi une espèce de candeur coupable, l'art de dénoncer avec conviction les maux de la société, même ceux dont tu as été le premier à abuser, tout en laissant entendre que tu en es conscient.

J'ai apprécié à des degrés divers tes œuvres suivantes, sans jamais m'ennuyer. J'ai été tenté de t'écrire à quel point je t'enviais, car j'ai moi aussi le rêve d'écrire, que la timidité ou l'humilité m'empêche de transformer en réalité. Mais je craignais que cela passe pour une invitation à reprendre contact avec moi. Lorsque est paru ton quatrième roman, j'ai lu une de tes entrevues dans les journaux. Tu y parlais de ton

intention de quitter la publicité et de ne rien faire d'autre
qu'écrire, même si tes livres se vendaient mal.

Le printemps dernier, un médecin m'a annoncé que j'avais
un cancer. En attendant de mourir, j'ai décidé de partir, comme
tu rêves de le faire. Après avoir écrit mon testament.

Même si je n'ai pas grand-chose à léguer, je te laisse cet
argent comme si j'avais créé mon propre prix littéraire, dé-
cerné une fois pour toutes à un écrivain particulièrement ta-
lentueux. Appelle-le le «prix Mauro-vaches», si tu veux. S'il
t'aide à écrire quelques pages de plus ou à mieux les écrire
encore, j'en serai fier.

C'était signé Sébastien Mauro.

Lorsque j'ai levé les yeux de la lettre, mon regard a
croisé celui de Geneviève Mauro. Elle s'était redressée dans
le lit et me regardait avec un air qui pouvait être amusé mais
relevait bien plus de la curiosité.

— C'est la lettre de Sébastien? m'a-t-elle demandé.

— C'est-à-dire que... oui.

— Elle est intéressante?

C'était une invitation à lui en dévoiler le contenu. Je ne
pouvais quand même pas la lui lire en entier.

Il aurait fallu que j'explique qui était Sylvie Landry. Je
l'avais eue comme secrétaire. Un peu amoureuse de moi, je
suppose. Nous n'avions couché ensemble qu'une fois. Ensuite, j'avais essayé de la traiter de façon aussi professionnelle
qu'auparavant. Je m'étais même remis à la vouvoyer. Et elle
s'était jetée sous une rame de métro quelque temps plus tard.
Je n'avais jamais songé que cela avait pu être à cause de moi.
Sébastien Mauro semblait croire que oui. Peut-être avait-il été
dans ses confidences.

Et qui donc était Clara Pallascio? Cela me revenait: une
coordonnatrice en production électronique. Mariée. Elle était
venue avec moi à Percé pour superviser le tournage d'une

publicité d'eau minérale. Il ne s'était rien passé entre nous, en autant que je me souvienne. Ah oui : son mari était venu la rejoindre. Et je m'étais amusé à laisser croire que j'avais eu une aventure avec elle. Il était impossible que le mari m'ait pris au sérieux. Qu'était-il arrivé ensuite à Clara Pallascio ? Je n'en avais pas la moindre idée. Sébastien savait, sans doute.

Geneviève Mauro s'imaginait-elle que j'allais lui lire cette lettre et répondre à ses questions ?

— Sébastien me rappelle seulement des vieux souvenirs, quand on était ensemble chez MTL.

Elle fronça les sourcils pour m'encourager à préciser.

— C'est plutôt personnel.

Ses sourcils se haussèrent encore, comme si elle imaginait que Sébastien et moi eussions eu des relations homosexuelles.

— Des choses insignifiantes.

— Il n'y a vraiment rien que tu peux me dire ?

J'ai secoué la tête.

— Tu es sûr ?

Vite, il fallait trouver quelque chose. Qu'est-ce que je pouvais dire ? La chanson — rien n'était plus anodin.

— Je connaissais une chanson que les étudiants de l'université de Montréal chantaient dans les années trente pour se moquer de leur recteur, un monseigneur Maurault, M-a-u-r-a-u-l-t. J'avais changé les paroles pour y mettre le nom de Sébastien.

— Qu'est-ce qu'elle disait, cette chanson ?

— Quelque chose comme :

Sébastien Mauro ressemble à son père.
Son père à sa mère et sa mère à mon cul.
Mon cul n'est pas beau, de là j'en conclus :
Sébastien Mauro n'est pas beau lui non plus.

Geneviève Mauro a éclaté d'un rire cristallin. Elle en a lâché la couverture qu'elle gardait pudiquement drapée sur sa poitrine. Et ses petits seins blancs m'ont troublé.

— C'est quoi, déjà? m'a-t-elle demandé quand elle a eu fini de rire. Sébastien Mauro ressemble à son père...

— Son père à sa mère et sa mère à mon cul.

— Mon cul n'est pas beau, de là j'en conclus...

Nous avons repris en chœur, en riant tous les deux, la finale:

— Sébastien Mauro n'est pas beau lui non plus!

— Est-ce que mon frère a été vexé par cette chanson?

La mâchoire a dû me tomber jusqu'à la poitrine. Son frère? Sébastien était son frère! Soulagement. Je n'avais pas couché avec la femme de mon bienfaiteur et victime, mais avec sa sœur. J'aimais mieux ça.

— Non, ça l'amusait, ai-je enfin bredouillé.

— Qu'est-ce qu'il te dit d'autre?

Nouvelle hésitation.

— Qu'il aimait bien mes livres.

— C'est tout?

— Oui.

J'ai remis la lettre dans son enveloppe, que j'ai glissée dans la poche de ma veste, et j'ai commencé à m'habiller. Geneviève Mauro me regardait faire avec attention, comme si ma façon de nouer ma cravate ou de mettre mes chaussettes avait pu l'instruire sur le contenu de la lettre.

— On se reverra? m'a-t-elle dit lorsque je me suis dirigé vers la porte.

— J'espère, ai-je répondu en espérant que non.

Rentré chez moi, je fais le compte de mes sujets de stupéfaction et de mes résolutions.

Premièrement, Sébastien Mauro aimait mes livres, alors que je croyais qu'ils ne l'intéressaient pas ou qu'il les trouvait mauvais.

Deuxièmement, s'il s'éloignait chaque fois que je me mettais à écrire, c'était pour me laisser travailler tranquille et non pas, comme je me l'étais imaginé, parce que cela l'agaçait.

Troisièmement, il n'est pas question que je revoie Geneviève Mauro. Pour des raisons morales, d'abord. Qu'elle soit la sœur ou la femme de Sébastien, comment pourrais-je entretenir une liaison avec une personne si proche d'un homme que j'ai tué? De plus, je crains de me trahir, de laisser échapper un mot qui pourrait lui apprendre que j'aurais pu voyager avec son frère l'hiver dernier. Tant qu'elle croira que j'ai passé l'hiver à Montréal, je ne serai soupçonnable de rien.

Quatrièmement, Sébastien allait mourir, de toute façon. Je lui ai — sans le vouloir, je le reconnais — épargné une mort cent fois plus pénible.

Finalement, je crois que je vais passer quelques jours ou peut-être les années qui viennent à me demander si je suis aussi détestable que Sébastien Mauro semblait le croire. Il est vrai qu'à la première époque où il m'a connu j'étais jeune et arrogant. Je me croyais drôle et je riais de tout.

Est-ce que j'ai changé?

Le 5 juin 1989

Il y a deux semaines, je suis allé à une réunion d'anciens élèves de mon collège. Cela m'a plus ennuyé que diverti. Et plus humilié que réconforté.

Je dois dire que je ne savais pas trop ce que j'attendais de cette réunion avec des gens que je n'avais pas revus depuis mon départ du collège, il y a vingt-huit ans.

Pour justifier la location d'une voiture, je me suis convaincu que je trouverais peut-être parmi mes anciens condisciples quelqu'un qui m'offrirait un contrat de rédaction. Ou qu'à tout le moins certains d'entre eux sembleraient fiers de retrouver un des leurs jouissant d'une certaine mais minuscule notoriété, consacrée par quelques photos dans les journaux et de rares interviews dans des émissions culturelles à la télévision.

Mais les trois jours que nous avons passés à l'hôtel des Laurentides où nous nous étions réunis trente ans plus tôt pour fêter la fin de notre rhétorique furent d'un ennui mortel.

Nous avons vieilli, bien entendu. Certains plus mal que d'autres. J'ai aussi appris que deux d'entre nous s'étaient suicidés. Que trois autres des absents souffraient de maladies mentales. Et qu'un autre encore a été aperçu pour la dernière fois, l'an dernier, dans un bar de Gaspésie où il était danseur nu, ce qui est un exploit remarquable à l'approche de la cinquantaine. Quant à ceux qui restaient, nous formions une triste bande d'hommes éminemment médiocres, presque tous bedonnants, grisonnants ou menacés de calvitie.

Un seul de mes ex-condisciples m'a dit avoir lu mes livres. Il les a aimés et m'a demandé si j'en préparais d'autres pour bientôt. J'ai répondu que je croyais que oui, même si je sais que non.

Le dernier soir, j'ai pris un verre au bar avec Pierre Archambault (j'ignore comment il gagne sa vie, mais il conduit une monumentale Lincoln Continental blanche) et quelques autres. Je faisais remarquer que de cette belle classe — une cinquantaine d'élèves que nos enseignants appelaient jadis «l'élite du Québec» — personne n'avait connu un succès exceptionnel.

C'est alors que Pierre, plus bourré encore que moi, s'est exclamé :

— En tout cas, c'est moi qui ai le record des divorces.

Personne n'a réagi.

— Trois, a-t-il ajouté lorsqu'il a constaté qu'on ne lui demandait pas de précisions.

C'est plus tard que j'ai remarqué que Pierre avait le même nom de famille que Judith.

— Dis donc, lui ai-je demandé, est-ce qu'une de tes femmes s'appelait Judith ?

Il a levé les yeux de son dix-ou-douzième verre de cognac, a fait un effort pour se souvenir et a compté sur ses doigts.

— Oui, j'ai eu une Marie-Louise, une Évelyne, une Judith.

Je lui ai demandé de quoi cette dernière avait l'air. Rien de cohérent à en tirer. Mais quand je lui ai décrit Judith Archambault, il a semblé confirmer que c'était bien elle.

Je l'ai encore interrogé, et il a fini par se souvenir qu'elle avait épousé un fonctionnaire de Québec et qu'elle avait eu un enfant, récemment. Un garçon ou une fille, il n'en savait rien.

Le lendemain, après le déjeuner, en traversant la terrasse de l'hôtel avec ma valise, j'ai revu Pierre Archambault et je lui ai posé la question qui m'était venue à l'esprit pendant la nuit :

— Dis donc, Judith, ton ex, c'était quoi, son nom de fille ?

Affichant un mal de bloc évident, Pierre m'a regardé longuement, cherchant à se souvenir.

— J'ai oublié. Pourquoi ?

— Brodeur, peut-être ?

— Il me semble que c'était quelque chose comme ça.

— Elle a une sœur qui s'appelle Alice ?

Pierre a haussé les épaules pour me signifier qu'il avait autre chose à faire dans la vie que se souvenir du nom des sœurs de ses ex-épouses.

Judith Archambault est-elle l'ex-femme de Pierre ? Est-elle la sœur d'Alice Brodeur ? A-t-elle eu un enfant ? Ce bébé est-il de moi ?

Je ne sais rien. Je ne suis même pas sûr que je tiens à savoir.

Seule consolation de ce week-end raté : personne ne m'a appelé Bécossette. À moins qu'on ne l'ait fait dans mon dos.

Le 13 juin 1989

Monsieur Casaubon, mon concierge, m'a vu à la télévision, hier soir. Dans un téléfilm qui se passait à La Nouvelle-Orléans. La description qu'il m'a faite de la scène me permet de croire qu'il s'agissait bel et bien du plan tarabiscoté qu'on a pris sans me demander la permission.

Ma seule crainte : que Geneviève Mauro ait vu ce film elle aussi et qu'elle découvre ainsi que j'étais aux États-Unis l'hiver dernier. Pour m'en tirer, je peux toujours dire que je suis allé, en avion, faire un petit tour en Louisiane.

Le 29 juillet 1989

Tout à l'heure, j'ai téléphoné à Geneviève Mauro.

Je souhaitais surtout avoir des nouvelles de l'enquête policière sur la mort de Sébastien.

Je m'étais imaginé qu'avec le temps je finirais par ne plus craindre qu'on retrouve ma caravane près de l'endroit où son cadavre a échoué. Mais je n'arrive pas à me débarrasser de ma peur. La nuit dernière, j'ai rêvé à Sébastien. Ce n'était pas exactement un cauchemar. Je poussais sur la caravane pour la précipiter en bas de la falaise. Mais la caravane était si lourde que je n'arrivais à rien, jusqu'au moment où quelqu'un est venu m'aider. À deux, nous sommes parvenus à lui donner un élan suffisant pour qu'elle commence à prendre de la vitesse.

Je me suis retourné vers l'homme qui m'avait aidé. C'était Sébastien. Dans la caravane, j'ai eu à peine le temps d'apercevoir une silhouette qui aurait pu être la mienne.

Geneviève ne m'a pas donné de nouvelles de Sébastien, et je n'ai pas osé en demander.

Par contre, même si je m'étais promis de ne pas le faire, je n'ai pu résister à la tentation de l'inviter à souper chez moi. Cela a semblé l'ennuyer plus qu'autre chose. J'ai retiré mon invitation.

Cela devrait me rassurer. Moins Geneviève Mauro s'intéresse à moi, moins je risque de me trahir.

Je n'ai d'ailleurs toujours pas trouvé de moyen de dépenser les cinq mille dollars dont j'ai hérité. Je les laisse dormir à la banque, en me disant qu'un jour une occasion se présentera de les dépenser ou de les investir sagement.

De toute façon, je finirai bien par manquer d'argent tôt ou tard, puisque je dépense plus que mon capital ne rapporte en intérêts. Les deux romans que je me proposais d'écrire chaque année devaient m'aider à combattre l'inflation. Mais je ne me sens pas encore prêt à me remettre à écrire. Le serai-je jamais?

J'ai acheté une bicyclette, que j'utilise rarement. Lorsque je marche, la cheville me fait mal. Je me suis inscrit à des cours de natation, mais je ne me suis présenté qu'au premier.

Je m'enferme chez moi, je lis beaucoup, je regarde encore plus la télévision, je réfléchis un peu — mais mes périodes de réflexion se terminent souvent sur le souvenir du visage de Sébastien Mauro dans le pare-brise de la caravane. Et alors j'ouvre un livre ou j'allume la télé.

Le 25 août 1989

Il a fait froid toute la semaine et je commençais à chercher un moyen peu coûteux de passer l'hiver dans le Sud — en partant en auto-stop, avec un simple sac à dos, comme Sébastien — lorsque j'ai reçu un appel de Geneviève.

— Ça y est, je pars! m'a-t-elle annoncé d'emblée avant que j'aie eu le temps de dire «Comment ça va?». Je m'achète une vieille camionnette et je ne laisserai pas un seul flocon de neige me toucher de tout l'hiver.

— Ce n'est pas une mauvaise idée.

— Je vais faire le tour des États-Unis. Je t'ai dit que je rêvais de suivre les cahiers de Sébastien?

J'ai eu aussitôt envie de lui offrir de l'accompagner.

— Ça te tenterait de venir avec moi? m'a-t-elle demandé avant que j'aie ouvert la bouche.

— Ça te plairait?

— Ça permettrait de partager les dépenses.

— Je peux y penser?

— Je te donne jusqu'à demain.

— Je te rappelle.

Je l'ai rappelée une heure plus tard. C'est tout réfléchi: je ne peux pas rester à Montréal et attendre pendant des mois qu'elle en arrive aux passages des cahiers de son frère où il est question de moi. Et puis, dans le fond, je ne demande pas mieux que de partir avec elle.

Je l'ai invitée à souper chez moi pour discuter des détails. Elle a accepté.

Le 26 août 1989

Nous avons mangé des biftecks grillés au charbon de bois, sur le balcon. Et nous avons eu le temps de régler tous les détails de notre projet en vidant deux bouteilles de beaujolais.

Nous achèterons une fourgonnette de camping d'occasion. Budget maximal : dix mille dollars (cinq mille chacun). Geneviève n'aime pas les caravanes, que je trouve plus pratiques. Elle insiste sur le tout-en-un. Je tais ma préférence pour la caravane et m'efforce de ne rien dire qui puisse laisser soupçonner que j'ai déjà, moi aussi, fait le voyage qu'elle propose d'entreprendre sur les traces de son frère.

Nous partirons dans quelques jours — dès que notre véhicule sera acheté et nos bagages faits. Et nous suivrons fidèlement l'itinéraire de Sébastien, dont je ne sais rien pour ce qui précède notre rencontre à Pensacola. Tout ce que je sais, c'est que nous commencerons par la Nouvelle-Angleterre.

Je m'en réjouis : cela me donnera l'occasion de voir cette région que j'ai traversée trop rapidement l'an dernier.

Le 2 septembre 1989

Après une semaine de recherches intensives, nous hésitions entre un Westfalia 1974, qui avait vu des jours meilleurs mais ne coûterait pas cher d'essence, et un mini-camping-car ultra-luxueux (avec toilettes et douche), au-dessus de nos moyens. Je me serais contenté du Westfalia, à quatre mille dollars. Mais Geneviève ne voulait rien entendre.

Nous nous sommes remis en chasse et avons finalement découvert une fourgonnette Dodge 1981 nouvellement inscrite dans les annonces classées. Pas de toilettes ni de douche, mais nous avons réfrigérateur, réchaud et chauffage au gaz, réservoir d'eau, des tas de petits coins de rangement et une grande table transformable en lit à deux places. Geneviève n'a pas soulevé d'objection à la perspective d'occuper le même lit que moi.

Le véhicule nous coûte neuf mille trois cents dollars, taxes comprises.

C'est la façon idéale de me débarrasser de l'héritage de Sébastien, qui doit se retourner dans sa tombe s'il sait qu'il me fournit l'argent nécessaire pour partir avec sa sœur.

Mais il m'arrive de me demander si ce ne serait pas pour lui une manière de se venger de moi.

Le parc Acadia
(Maine)

Le 9 septembre 1989

Geneviève savait depuis longtemps que j'apporterais un vélo. Lundi, pour aller chercher le gros de ses bagages, j'ai placé ma bicyclette sur un support fixé au toit de la fourgonnette. J'espérais ainsi l'encourager à s'en acheter un, elle aussi.

Cela eut l'effet contraire. Elle a trouvé inesthétique le vélo sur la fourgonnette. Et puis, d'après elle, cela réduit l'aérodynamisme et augmente la consommation d'essence.

Son souci d'économie m'a étonné. J'ai toutefois été forcé de reconnaître que le vélo n'améliorait pas l'allure de notre vieille Dodge. Surtout que le vert fluorescent de la bicyclette ne s'accordait guère avec l'anthracite de la fourgonnette. Geneviève n'a pas voulu, non plus, entendre parler de la transporter à l'intérieur, parce que « ça salirait tout ».

Geneviève tenait par contre à apporter son équipement de plongée, qui n'est ni enlaidissant ni salissant. J'ignorais qu'elle pratiquait ce sport. Elle en a fait avec son ex-mari. J'ignorais aussi qu'elle avait été mariée. Elle ne m'en a pas dit plus. Cela me va très bien : rien n'est plus ennuyant que les histoires d'ex-maris.

Pendant un instant, j'ai tout de même frémi à l'idée que Geneviève voudrait plonger à Big Sur, histoire de rechercher des indices sur la mort de son frère, et qu'elle tomberait sur les ruines de la caravane. Mais c'est une crainte ridicule : la caravane, après huit mois dans les vagues au pied de la falaise, est sûrement, à l'heure qu'il est, réduite en bouillie.

Pour me venger, j'emporte mes deux ordinateurs, alors que j'étais prêt à me contenter du portatif.

J'ai rangé la bicyclette dans le plus grand placard de mon appartement. À regret, car cela aurait été le meilleur moyen de faire de l'exercice en dépit de mon arthrose. Et puis, avec le vélo sur le toit de la fourgonnette, j'aurais pu continuer à intituler mon journal *Le Voyageur à six roues*.

Tant pis. Ou tant mieux, car je me sens moins obligé de tenir ce journal où je n'ai rien à écrire.

La preuve, c'est que ces trois premiers jours de mon second voyage aux États-Unis me donnent à peine deux lignes :

«Partis à l'aube, avant-hier, nous n'avons pas eu une goutte de pluie. Et j'ai enfin vu le parc Baxter et le parc Acadia. Pas mal, mais pas terribles.»

Chincoteague
(Virginie)

Le 22 septembre 1989

J'ai visité la côte de la Nouvelle-Angleterre à loisir, sous un soleil généralement resplendissant. Lorsque je conduis (ce qui est presque toujours le cas), Geneviève garde ouvert sur ses genoux le premier cahier de Sébastien — un cahier vert que je n'ai jamais vu et qui ne m'inspire aucune crainte. Elle me donne la direction qu'il a suivie, me décrit les lieux dont nous approchons, me lit ce que Sébastien a vu ou fait lorsqu'il y est arrivé. Au début, j'ai trouvé cela agaçant, mais je m'y suis fait.

Quand nous avons atteint la Virginie, où mon itinéraire de l'an dernier rejoignait pour la première fois celui de Sébastien, j'ai été forcé de reconnaître que le frère de Geneviève était bien meilleur voyageur que moi. Il a vu une foule de choses auxquelles je n'avais pas fait attention. Il a observé la nature avec un plaisir évident et une patience exemplaire. Et il semble tout savoir. Il voyageait pourtant sans documentation — pas même un guide d'observation des oiseaux. Je devine qu'il avait avec lui le bagage de connaissances de celui qui s'est toujours intéressé à tout. Et je finis par prendre plaisir, moi aussi, à découvrir l'Amérique avec l'aide posthume d'un guide compétent et attentif.

Quant à Geneviève, je devine sa hâte de tourner la page dès que nous approcherons de l'endroit suivant.

Je meuble une bonne part de mes longues heures de silence au volant à chercher une réponse à une seule et unique question :

comment pourrais-je, si jamais mon nom surgit dans le cahier jaune, expliquer que je n'ai pas dit à Geneviève que je suis venu aux États-Unis l'an dernier et que j'y ai voyagé avec son frère?

J'invente quelques mensonges farfelus. Le seul qui tienne à peu près debout, c'est que je n'ai rien dit parce que j'avais peur d'être soupçonné de meurtre en avouant avoir voyagé avec Sébastien. Mais comment aurais-je pu craindre pareil soupçon alors que rien ne prouvait qu'il avait été assassiné? Aux dernières nouvelles (à la veille de notre départ de Montréal), la police de la Californie semblait toujours croire au suicide, ce qui fait rager Geneviève. Pour craindre d'être accusé de meurtre, il aurait fallu que j'aie été témoin de la mort de Sébastien. Donc, que je sache qui l'a tué. Et pour ne pas dénoncer immédiatement l'assassin, il aurait fallu que j'aie voulu épargner celui-ci. Je peux inventer une femme dont j'aurais été amoureux et qui aurait poussé Sébastien dans le Pacifique parce qu'il l'aurait violée, par exemple. Kim ferait l'affaire. Je pourrais dire tout ce que je sais d'elle, sans mentir ni risquer qu'on la retrace. Je ne connais pas son nom de famille. Je me souviens seulement qu'elle venait du Minnesota, à moins que ce ne soit du Montana.

En écrivant ces lignes, j'essaie de me convaincre que je pourrais m'en tirer en mentant. Mais je sais bien que non. Même l'espoir de ne pas être mentionné une seule fois dans le cahier jaune ne tient pas debout.

Et je me dis qu'il vaudrait mieux parler de ma rencontre avec Sébastien dès maintenant, au lieu d'entendre Geneviève lire mon nom lorsque nous quitterons Pensacola.

Cependant, je ne vois aucun moyen de le faire sans perdre toute crédibilité. Une seule chose — je le sais maintenant — aurait pu me sauver: dire à Geneviève que j'ai voyagé avec son frère jusqu'à quelque part en Californie ou au Mexique, et que nous nous sommes quittés bons amis; mais il aurait fallu que je le dise immédiatement, le jour où nous avons fait connaissance, chez le notaire.

Roanoke
(Virginie)

Le 30 septembre 1989

Sébastien était-il forcé par les caprices de l'auto-stop à faire de tels zigzags? Ou a-t-il fait exprès pour fuir l'Atlantique, lui préférant ces forêts splendides le long de la route du Blue Ridge? En tout cas, je l'envie d'avoir, dès l'an dernier, découvert cette «forêt nationale Jefferson», touffue et sillonnée d'agréables sentiers qui courent dans tous les sens.

Geneviève en est aussi enchantée que moi et ne regrette pas du tout que nous ayons encore quitté la côte. Avec son appareil-photo tout neuf (acheté, je suppose, avec l'héritage de Sébastien), elle gaspille une quantité incroyable de pellicule (sûrement de même provenance).

Assis à la table de pique-nique, j'entends en ce moment cliqueter l'obturateur à toutes les minutes ou presque. Tout à l'heure, nous mangerons une bouchée, puis nous irons nous promener dans un sentier, jusqu'à ce que mon arthrose me prévienne qu'il est temps de faire demi-tour. Nous nous installerons ensuite pour lire. Je préparerai le dîner. Nous nous coucherons tôt, après avoir vidé deux bouteilles de vin — peut-être trois.

En fait, le voyage que je fais avec Geneviève ne diffère pas beaucoup de celui que je faisais tout seul ou avec Sébastien.

Nous nous levons avec le soleil. Je fais le petit déjeuner, que nous prenons ensemble (Geneviève ne cuisine jamais; si je l'avais su, j'aurais apporté plus de livres de cuisine). Elle va ensuite faire un tour avec son appareil-photo, tandis que je m'assieds devant un de mes ordinateurs en attendant l'heure de préparer le repas de midi.

Je ne suis pas plus inspiré pour écrire que l'an dernier. Et je prends encore moins de notes de voyage.

Geneviève trouve que j'écris bien peu pour un écrivain.

Pour la faire taire autant que pour me faire plaisir, j'ai entrepris ce qui me semblait être un projet simple et facile. J'ai commencé à recycler mes notes de voyage de l'an dernier, en changeant les noms des personnages et en abandonnant la première personne. Aujourd'hui, à la relecture des premiers chapitres (jusqu'à mon arrivée au cap Hatteras), je me rends compte que la perte de la première personne enlève à mon récit toute sa spontanéité. Et que mes mésaventures téléphoniques avec Judith Archambault (rebaptisée Lucie Landry pour publication éventuelle) manquent de piquant.

Il me serait facile d'écarter Lucie Landry. Mais il me manque quand même un dénouement. Mon «héros» va-t-il lui aussi pousser son compagnon de voyage en bas d'une falaise? Va-t-il en rentrant chez lui trouver une lettre du fabricant de ses pneus?

Peut-être que oui. Si j'arrive à raconter cette histoire comme j'en ai envie, je crois pouvoir en tirer un suspense intéressant. Mais il me faudrait alors une fin morale. Non pas que la moralité fasse tellement partie de mes préoccupations. J'aime tout simplement qu'une histoire réponde à une certaine forme de logique. Que le lecteur, en tournant la dernière page, se dise: «Je n'aurais jamais deviné que cette histoire se terminerait ainsi, mais c'est la seule manière dont elle pouvait se conclure.» Par exemple, reparti seul en voyage, mon héros oublie, alors qu'il campe sur une falaise sans avoir dételé sa caravane, de mettre le frein à main de sa voiture. Et son équipage se met à rouler tout doucement, pendant la nuit, tandis qu'il dort d'un sommeil profond.

Je sais que ce n'est pas tout à fait ça, mais il faudrait que d'une manière ou d'une autre le destin, qui lui a déjà joué beaucoup de mauvais tours, lui en joue un dernier — le plus vengeur de tous.

Quand Geneviève me demande ce que j'écris, je réponds comme un enfant dont la mère veut savoir ce qu'il a fait après qu'il a disparu dehors toute la journée : «Rien.»

Smokemont
(Caroline du Nord)

Le 6 octobre 1989

Décidément, mon acharnement à faire le tour des États-Unis l'an dernier était stupide, car l'intérieur des terres est plus intéressant que la côte. Surtout ici, dans le « parc national Great Smoky Mountain », avec ses points de vue à couper le souffle.

Si Geneviève n'était pas avec moi, je m'installerais dans une chaise, avec ou sans livre (mieux encore : avec un livre fermé), à me laisser chauffer paresseusement au soleil filtré par les feuilles qui commencent à tomber. Mais elle n'est pas loin, partie prendre des photos dans les alentours. Et je me sens forcé, pour prétendre être aussi actif qu'elle, de rester assis devant l'ordinateur posé sur la table de pique-nique. Je cherche toujours un dénouement au roman inspiré par mon voyage de l'an dernier, mais je ne trouve rien et je me contente de rêvasser ou d'écrire n'importe quoi.

Surtout, j'ai l'impression que, malgré ces déguisements, Geneviève devinerait qu'il s'agit de la véritable histoire de son frère. Même si je maquillais celui-ci en anglophone blond et bedonnant, même si je prenais la précaution de faire passer mon héros par des lieux que je n'ai pas vus avec Sébastien l'an dernier, même si je précipitais la caravane du haut de la falaise de San Clemente plutôt que de celle de Big Sur, j'ai bien peur qu'elle en vienne à soupçonner la vérité.

Peut-être suis-je simplement nonchalant. Ou en panne d'inspiration. Mais voilà plus d'un an que je n'ai rien écrit qui vaille — alors que j'ai pris ma retraite pour écrire à plein temps.

Justement, Geneviève revient avec son appareil-photo. Je ne sais pas où elle est, mais j'entends cliqueter l'obturateur. Maintenant, je la vois, debout derrière les buissons. C'est moi qu'elle photographie. Et je souris, avec aussi peu de conviction que si je passais aux rayons X.

Willard
(Georgie)

Le 18 octobre 1989

Personne, j'en suis maintenant convaincu, ne possède autant que moi l'art de mal choisir ses compagnons de voyage.

Geneviève ne cuisine pas. À part la lecture à haute voix du cahier vert, elle ne me parle presque jamais. Elle ne supporte pas la radio en voiture — surtout pas les nouvelles, dont je suis friand. Au camping, je dois utiliser un casque d'écoute, ce que je déteste. Nous ne faisons presque jamais l'amour — deux fois seulement depuis notre départ. Comble de malheur, elle affirme ne jamais avoir d'orgasme, ce qui n'a pas eu pour effet de décupler mon plaisir.

Elle part tous les matins marcher dans la forêt avec son appareil-photo et les cahiers qu'elle emporte dans un sac de toile à bandoulière. En fait, elle ne s'éloigne jamais plus de quelques minutes sans cette épée de Damoclès que constituent les souvenirs de Sébastien.

L'autre jour, je lui ai demandé si je pouvais les lire.

— C'est bien plus amusant de découvrir ce qu'il a écrit à mesure qu'on voit ce qu'il a vu, a-t-elle objecté.

Parfois, lorsque sa silhouette reparaît au loin, au détour du chemin dans un camping ou au bout d'une plage, je suis saisi — pour ne pas dire terrifié — pendant un court instant. Elle a la même démarche élastique, la même silhouette un peu voûtée que son frère. Pendant une seconde, je crois que c'est un revenant qui se dirige vers moi.

Huntington Beach
(Caroline du Nord)

Le 23 octobre 1989

Lu dans le journal : Ted Bunty, un abominable assassin, est passé à la chaise électrique, en Floride. Un animateur de radio de la ville où il a été exécuté a demandé, en ondes, que les gens évitent d'utiliser leurs appareils ménagers à l'heure de l'exécution, de façon qu'on ne manque pas de «jus» au moment voulu. Devrait-on rétablir aussi la peine de mort pour les animateurs de radio débiles?

En écrivant le paragraphe qui précède, je croyais simplement parler une fois de plus de la violence présente sous mille et une formes en ce pays. Je me rends compte que c'est à cause de *moi* que ce fait divers m'intéresse, comme s'il préfigurait ma propre exécution.

Pourtant, je n'ai pas peur de la mort. J'ai parfois imaginé — par exemple, en regardant un film au sujet d'un condamné qui doit être fusillé ou pendu à l'aube — comment je réagirais à la veille de ma mort. Je n'arrive pas à m'imaginer catastrophé ou même anxieux. Pas tout à fait serein, quand même. Mais je suis persuadé que la mort me laisserait relativement indifférent.

Pourtant, je n'ai pas hésité à tuer un homme parce que je m'imaginais qu'il voulait m'assassiner. Instinct de conservation, sans doute?

Le 24 octobre 1989

Ce soir, je suis très fier de moi. J'ai inventé un plat : les spaghetti aux *chorizos*. Il s'agit de bizarres saucisses mexicaines, que je débarrasse de leur boyau (en plastique, me semble-t-il). Je fais sauter cette chair à la poêle, avant de la verser dans une sauce composée d'une boîte de tomates aux *jalapenos* et à la coriandre et de six tranches de fromage fondu. C'est tout à fait piquant et tout à fait délicieux. Geneviève en a redemandé. Elle trouve même cela meilleur que le corned-beef aux pommes de terre, aux tomates et au maïs (que je lui ai servi sans lui dire qui en a créé la recette).

Je me demande si je ne suis pas en train de devenir amoureux d'elle. Le fait que je me le demande prouve que je ne le suis pas tout à fait. Et aussi que je le suis au moins un peu.

Elle n'est sûrement pas la femme idéale. Elle est jolie et désirable, certes. Mais elle est capricieuse et paresseuse. J'attends toujours qu'elle prépare son premier repas ou qu'elle fasse la vaisselle (elle offre parfois de la faire, mais n'insiste jamais lorsque je réponds que je m'en occupe). Cela n'est pas bien grave. J'ai tout mon temps, et passer deux heures par jour à cuisiner ou à faire le ménage est plus thérapeutique qu'ennuyeux.

Je ne connais rien de ses moyens de subsistance. Une fois dépensé ce qui lui reste de l'héritage de Sébastien (je ne sais combien elle a reçu, mais j'imagine que ce ne saurait être plus de dix ou vingt mille dollars), devra-t-elle demander de l'aide sociale ? Si oui, je ne vois pas pourquoi nous ne pourrions pas réunir nos ressources. Nous garderions un seul appartement à Montréal. Et nous partirions tous les hivers, dans la Dodge, vers le sud des États-Unis et même le Mexique. Elle n'aurait, comme Alice Brodeur, qu'à trouver quelqu'un pour s'occuper de ses chèques et de ses cartes d'aide sociale.

Pour lui parler de ce projet, je dois malheureusement attendre que la dernière page du cahier jaune soit tournée.

L'île Jekyll
(Georgie)

Le 30 octobre 1989

Je viens de faire une bêtise qui risque de me coûter cher.

Geneviève voulait acheter du vin. Je déteste faire ce genre d'achat avec elle, parce qu'elle est capable de passer des heures (disons plutôt une grosse demi-heure) à lire les étiquettes des vins les plus chers pour finalement se contenter d'un vulgaire vin de table français, yougoslave ou hongrois.

Comme je manquais d'argent pour prolonger notre location du camping, je lui ai confié ma carte bancaire, ainsi que mon numéro d'identification personnel — 1941.

Dès que je l'ai vue s'éloigner dans la Dodge, je me suis inquiété qu'elle puisse siphonner mon compte de banque sans que je m'en aperçoive. À son retour, elle m'a remis mes deux cents dollars et le coupon émis par le guichet automatique. Le montant de la transaction y est inscrit, avec le solde de mon compte. Je suis à demi rassuré.

Ainsi, Geneviève ne peut pas vider mon compte de banque petit à petit. Elle peut seulement le faire tout d'un coup. Au moins, elle ignore que j'ai une marge de crédit de vingt mille dollars. Une fois mon solde ramené à zéro, elle ne songerait pas à en prendre plus. C'est du moins ce que j'espère.

Saint Augustine
(Floride)

Le 4 novembre 1989

Je suis ravi que Sébastien ait passé quelques jours à Saint Augustine, même si Geneviève n'apprécie pas particulièrement l'endroit.

Ce qui m'étonne, c'est qu'il se soit installé, pour la première fois de ce voyage, dans un parc d'État à plus de dix dollars par jour. La seule explication possible : il voyageait avec quelqu'un d'autre. Une fille, sûrement, dont il ne dit pas un mot (cela me rassure, maintenant que Geneviève est, depuis trois jours, plongée dans la lecture du cahier jaune).

Avec les économies que je réalise, moi aussi, en vivant avec quelqu'un qui paie sa part, ce voyage en compagnie de Geneviève serait parfait si je ne redoutais pas constamment le moment où elle tombera sur mon nom dans le cahier de son frère. J'essaie d'imaginer de quelle manière cela pourrait se produire.

Cela se passerait presque sûrement pendant que je serais au volant. Peut-être s'arrêterait-elle au beau milieu d'une phrase débutant par : « Je voyage maintenant avec Bernard Cossette... » Elle tournerait vers moi ses yeux quasi noirs, en fronçant les sourcils. Et je bredouillerais une excuse improvisée, puisque je n'arrive pas à en préparer une. Ou bien, Sébastien aurait été moins précis et aurait plutôt écrit quelque chose du genre : « Il fait bon de parler français avec un ancien collègue de travail. » Geneviève me regarderait, intriguée à la pensée qu'il pourrait s'agir de moi. Je hausserais les épaules en un geste d'ignorance.

Pourrait-elle résister à la tentation de feuilleter immédiatement la suite du cahier à la recherche de plus de précisions ? Ou
me ferait-elle, patiemment mais sans faire exprès, mourir à
petit feu ?

Parfois, je me rassure en constatant que Sébastien ne fait
jamais état de ses compagnons de voyage, s'il en a eu, ou des
automobilistes qui le prennent en auto-stop. Rien ne semble
l'intéresser que les rochers, les oiseaux, les étoiles et les marées.
De temps à autre, un conseil pratique, sur la meilleure manière
de se débarrasser des piqûres de méduse, par exemple (on se
frotte avec du sable ; il faudra que j'essaie).

Mais peut-il avoir voyagé avec moi pendant deux mois
sans me mentionner une fois ? On verra bien, me dis-je souvent sans parvenir à calmer mes appréhensions.

L'île Saint George
(Floride)

Le 10 novembre 1989

C'est la deuxième fois que nous nous trouvons dans un parc d'État où Sébastien Mauro et moi avons campé l'an dernier, quoique pas en même temps. Ici, nous n'avons même pas séjourné dans le même secteur.

Sébastien squattait de toutes les manières possibles pour éviter les frais de camping. Il passait ses nuits à la belle étoile. S'il pleuvait, il se réfugiait dans les toilettes, sous un pont ou dans toute autre espèce d'abri. J'ai souvent dû rappeler à Geneviève qu'avec notre fourgonnette il serait impossible de voyager comme des vagabonds. Nous ne pouvons pas franchir, comme un piéton, les clôtures et les fossés. Heureusement, elle aime bien ses aises. Elle proteste un peu, pour la forme, puis se rend à l'évidence qu'il vaut mieux être confortablement installé à l'abri des intempéries que de coucher en plein air comme son frère le faisait.

Celui-ci est donc venu ici l'an dernier, dans le secteur réservé aux randonneurs, qui ne coûte qu'un dollar la nuit.

Geneviève a d'abord insisté pour que nous campions là, nous aussi. Nous sommes allés y faire un tour d'exploration à pied — il est interdit de s'y rendre en voiture. C'est à plus d'une heure de marche du camping principal, par un sentier étroit. Il est vrai que l'endroit est totalement isolé et désert ; et nous avons une petite tente (celle que j'ai achetée en partant de Big Sur et qui n'a presque jamais servi). Mais il faudrait transporter à la main toutes nos provisions — ainsi qu'une réserve d'eau potable, car il n'y en a pas là-bas. Et nous n'avons que son petit sac à bandoulière. De plus, les moustiques sont particulièrement féroces dans cette partie de l'île.

Geneviève a donc accepté que nous nous installions encore dans la fourgonnette, branchés sur l'électricité et à cent pas des douches.

Ces trois derniers jours, je lui ai montré à se servir de mes ordinateurs. D'abord, du portatif. Ensuite, du Macintosh. Ce matin, je lui ai appris à transférer des textes de l'un à l'autre. Elle est douée, bien qu'elle tape avec deux doigts, comme moi, mais plus lentement encore, et elle a commencé à rédiger des notes de voyage. Comme elle ne veut pas que je les lise, je lui ai montré comment les mettre à l'abri avec un mot de passe. Mais elle n'a pas écrit plus d'une page et j'ai l'impression qu'elle ne persévérera pas.

Par contre, lorsque je lui ai dit que les éditeurs apprécient beaucoup, maintenant, qu'on leur remette des manuscrits sur disquette, elle a entrepris de transcrire les notes de son frère. Elle a persisté pendant deux bonnes heures — presque quatre pages.

Le 11 novembre 1989

Geneviève a lu dans les notes de Sébastien qu'il avait passé une soirée à la taverne du village — le *Harry A.* J'ai sorti les prétextes les plus éculés pour éviter d'y aller, car j'ai peur que quelqu'un me reconnaisse, même si je n'y ai passé qu'une soirée, il y a un an.

Elle a insisté. J'ai cédé. Au *Harry A*, nous nous sommes assis à une table — où je risquais moins d'être vu par les habitués, assis au bar. Mon juge alcoolique était toujours là. Je ne crois pas qu'il m'ait reconnu.

Au début de la soirée, je faisais de fréquents allers et retours au bar pour faire remplir nos chopes de bière. Puis la serveuse à la poitrine généreuse qui m'avait lancé des œillades l'an dernier est arrivée et a commencé à faire le service aux tables.

— Je vous connais? m'a-t-elle demandé.

J'ai répondu que non, prêt à jurer que je n'étais jamais venu ici. Elle n'a pas insisté, parce que Geneviève lui a aussitôt mis sous le nez une photo de son frère et lui a demandé si elle l'avait jamais vu.

— Ce type-là? *Oh boy!* Quelle nuit!

Geneviève n'a pas insisté pour en savoir plus long. J'ai eu l'impression qu'elle était jalouse.

Le 13 novembre 1989

Nous avons fait l'amour dans les dunes, la nuit dernière.

La lune était presque pleine. Nous avions dîné tôt et nous sommes allés boire une bouteille de rouge sur la plage, complètement déserte.

Je reconnais que la scène n'était pas dépourvue de romantisme. Geneviève a appuyé sa tête sur mon épaule. Je lui ai caressé un sein. Elle a glissé une main dans la poche de mon pantalon, puis dans ma braguette. Nous avons fini la bouteille de vin. J'ai offert d'aller en chercher une autre. Geneviève m'a dit de laisser faire et a entrepris de se déshabiller.

L'amour en plein air, ce n'est pas tellement mon genre. Je préfère un lit confortable, à l'abri des moustiques et du froid. Mais la silhouette des seins de Geneviève qui passait son chemisier par-dessus sa tête devant un nuage argenté par la lune aurait fait bander un eunuque.

Le sable était chaud et doux. Je me suis assoupi quelques instants — peut-être plusieurs — dans les bras de Geneviève après avoir éjaculé.

Elle prétend avoir eu un orgasme. À cause du sable dans le vagin, d'après elle. Je ne sais pas si je dois la croire. Pas seulement au sujet du sable, mais aussi pour l'orgasme. Et puis, devrons-nous dorénavant garder quelques poignées de sable à portée de la main, à côté de la gelée lubrifiante?

Ce matin, nous nous sommes levés tard — à dix heures passées. En buvant son café, Geneviève a parlé de se réinscrire à l'aide sociale en rentrant à Montréal et suggéré que nous pourrions nous contenter d'un seul appartement.

Je crois avoir déjà caressé cette idée, mais je n'en ai plus tellement envie.

Pensacola
(Floride)

Le 15 novembre 1989

Cet après-midi, la pluie nous force à nous retrancher dans la fourgonnette. J'aimerais ne rien faire d'autre qu'écouter les grosses gouttes qui résonnent sur la fibre de verre. Et puis, je sais que dès que nous quitterons cet endroit je risquerai de faire ma première apparition dans le cahier jaune. Cela me donne l'envie de rester ici jusqu'à la fin de mes jours.

Geneviève a profité du mauvais temps pour aller en ville chercher les photos, qu'elle a fait développer et qu'elle tient à me montrer. Onze bobines en tout !

Ses clichés sont en général plutôt bons. Si elle en avait pris dix fois moins, je dirais même qu'ils sont excellents. Il y a beaucoup de photos de paysages, quelques-unes d'animaux et une centaine de moi.

En regardant les plus récentes, je constate que j'ai pris du poids. C'est la faute à pas de vélo. Plusieurs photos ont été prises à mon insu, au téléobjectif. Devant une de ces photos, Geneviève s'est exclamée :

— Regarde : sur celle-là, tu as l'air d'un tueur.

Oui, j'ai parfaitement l'air d'un tueur. Le regard fixe. La lèvre boudeuse. La mine sombre. Et une barbe de deux jours (à Willard, j'avais manqué de crème à raser).

— Sur celle-là, tu as l'air d'un ange, a poursuivi Geneviève.

Elle avait encore raison. Sur la photo suivante, on me donnerait le bon Dieu sans confession. Pourtant, les deux photos me ressemblent.

Le 16 novembre 1989

Geneviève voulait essayer son équipement de plongée.

J'étais ravi. Cela m'aurait donné le temps de m'emparer du cahier jaune (qu'elle n'était quand même pas pour apporter dans sa combinaison de plongée), d'y chercher mon nom et d'enlever toutes les pages où il s'y trouverait.

Geneviève a plongé. Mais je n'ai pas eu le temps de revenir à la fourgonnette que déjà elle émergeait, de fort mauvaise humeur. Un régulateur qui fonctionne mal, semble-t-il. J'ai offert de le faire réparer ou d'en acheter un autre en allant en ville. Geneviève a refusé.

— Il n'y a rien à voir ici, de toute façon.

Bonne nouvelle, par contre : le guichet automatique de la Sunshine Bank of Florida m'a appris que ma carte bancaire ne m'autorise pas à retirer plus de deux cents dollars par jour.

Donc, si jamais Geneviève s'emparait de ma carte, elle en aurait pour deux semaines à vider mon compte.

La Nouvelle-Orléans
(Louisiane)

Le 26 novembre 1989

Miracle et soulagement !

Après dix jours qui m'ont terrifié, depuis que nous avons quitté Pensacola, nous sommes enfin au parc Saint-Bernard, et Geneviève a lu jusqu'à la dernière ligne de la dernière page du cahier jaune. Je n'y suis pas mentionné une seule fois.

Nous avons passé trois soirées en ville, à écouter du jazz, à manger au restaurant, à écouter encore du jazz, dont Geneviève se révèle friande. Je suppose que c'est parce que le cahier de son frère vante les vertus de cette musique. Toujours est-il qu'elle est ravissante, car elle s'habille avec plus de recherche pour sortir en ville que pour rester au camping. Je suis gai comme un pinson. Et nous nous amusons — pas follement, mais presque. Hier soir, nous avons trouvé des écrevisses dans une poissonnerie des environs. J'en ai acheté cinq livres. La poissonnière nous a montré la manière rapide de les décortiquer. Mais nous ne sommes pas parvenus à maîtriser cette technique, ce qui ne nous a pas empêchés de tout manger, en l'accompagnant de deux bouteilles de mauvais rosé.

Geneviève m'a dit qu'elle me trouve de meilleure humeur depuis quelques jours. Je lui ai dit que je suis bien avec elle. Et nous avons fait l'amour deux fois, ce qui ne m'était pas arrivé, à moi, depuis longtemps.

Le 27 novembre 1989

Je suis au soleil, à côté de la fourgonnette, dans une chaise pliante, par près de quatre-vingts degrés Fahrenheit. Il souffle un vent extrêmement agréable, à la fois chaud et rafraîchissant. J'ai mon ordinateur portatif sur les genoux et une bière mexicaine, avec un quartier de citron vert, à portée de ma main droite. La radio joue un concerto pour trompette de Haydn, interprété par Maurice André. Geneviève est partie avec son appareil-photo. Assez loin pour que je ne l'entende plus cliqueter.

Je fais le calcul suivant.

J'appartiens probablement aux deux cents millions d'individus dont le niveau de vie est le plus élevé sur terre. Ce qui n'est pas particulièrement impressionnant. Mais les trois quarts de ces deux cents millions de personnes ont à travailler pour maintenir leur niveau de vie. Pas moi. Je peux donc me considérer parmi les cinquante millions d'individus les plus fortunés.

En ce moment précis, il est peu probable que plus d'un sur dix de ces cinquante millions de Terriens jouissent d'une journée aussi agréable que celle que je connais, météorologiquement parlant. Les Scandinaves, les Suisses, les Allemands, les Anglais et la plupart des Français, des Américains, des Canadiens et des Japonais sont probablement dans la neige ou sous la pluie. Donc, me voilà parmi les cinq millions de gens les plus chanceux sur cette planète.

Je songe aussi que, parmi ces gens qui n'ont pas à travailler, la grande majorité se sentent désœuvrés ou se livrent à des occupations désagréables (tondre la pelouse, par exemple) ou insignifiantes (même exemple). Ce qui n'est pas du tout mon cas : en ce moment, je fais ce que je veux, sans m'ennuyer ni devoir obéir à un patron. Si je travaille maintenant, à condition qu'on puisse appeler travail la rédaction de mes notes de voyage, c'est que j'en ai envie, tout simplement. Cela devrait me placer parmi les cinq cent mille êtres humains les plus privilégiés. Mais ce n'est pas tout.

Combien de ces cinq cent mille personnes ont à portée de la main une de ces délicieuses bières mexicaines avec une pointe de citron vert par-dessus le marché? Sûrement pas plus d'une sur cent. Me voilà donc au nombre des cinq mille personnes les plus avantagées par le sort. Mais combien parmi elles sont en excellente santé et ont, comme moi, marché pendant deux heures ce matin, avec la satisfaction du devoir accompli qui en résulte — et sans la moindre douleur à la cheville, pour une fois? Une sur cinq, disons? Bon: me voilà parmi les mille individus les plus fortunés sur Terre.

Maintenant, combien sommes-nous à écouter à la radio un de nos concertos préférés, au lieu de nous faire empoisonner les oreilles par de vieux succès d'Elvis ou un Haendel à mourir d'ennui? Sûrement pas plus d'un sur cinquante. Ce qui fait de moi une des vingt personnes les plus bénies des dieux.

Je veux bien reconnaître que, sur ces vingt personnes, plusieurs se trouvent dans un cadre agréable — forêt, falaise ou plage. Mais combien d'entre elles sont dérangées par des goélands criards, des moustiques hargneux ou des serpents à sonnettes, par des voisins bruyants ou par la simple vue d'autres humains dont l'esthétique laisse à désirer? Sûrement les quatre cinquièmes. Tandis que je suis dans un camping quasi désert, où pas un seul oiseau n'a le mauvais goût, par ses cris intempestifs, de venir troubler mon concert Haydn. Et cela me place dans le Saint des Saints: parmi les quatre plus grands bienheureux que la Terre porte en ce moment.

Et, sur ces quatre personnes, il y a fort à parier qu'au moins la moitié ne sont pas, comme je le suis, convaincues qu'il fera aussi beau demain et que la radio me fera entendre encore la musique que j'aime.

Cela fait donc de moi une des deux personnes les plus heureuses de l'univers. La seule chose qui gâte mon plaisir, c'est de savoir que quelqu'un d'autre me dispute en ce moment le titre de champion mondial du bien-être. Peut-être même du bonheur.

Le 30 novembre 1989

Depuis la disparition de mes inquiétudes au sujet du cahier, je commence à avoir envie de quitter Geneviève.

Je sais bien que si je la déteste un jour, je l'adore le lendemain. Mais j'ai pris ma retraite l'an dernier pour être totalement libre. Et il est impossible d'être totalement libre si on n'est pas seul.

Je suis parti avec Geneviève parce que je craignais que son frère parle de moi dans son cahier. Maintenant que cette crainte n'existe plus, je n'ai aucune raison de voyager avec elle.

Il faut donc que je trouve un moyen ou un autre de m'en séparer et de la renvoyer à Montréal afin de poursuivre mon voyage comme je l'entends, d'aller enfin voir le Grand Canyon et Yellowstone et tout ce qu'il me plaira de voir, sans demander l'avis de personne.

C'est plus facile à dire qu'à faire. Peut-être la meilleure méthode est-elle celle que j'ai utilisée les quelques fois que j'ai voulu me débarrasser de femmes qui avaient eu l'impudence de vouloir partager ma vie : devenir de plus en plus désagréable, de plus en plus distant ; donner à Geneviève le goût d'être seule ou lui faire comprendre que j'aimerais mieux l'être.

Mais je crains qu'une fois libéré d'elle je deviendrai la cible d'une autre femme. Car, je m'en rends compte maintenant, toutes les femmes que j'ai connues sont venues à moi et non moi à elles. Serait-ce là un indice de la misogynie dont m'accusait Sébastien ?

Le 2 décembre 1989

J'ai crié victoire trop vite.

Ce matin, j'ai demandé à Geneviève où elle avait envie d'aller ensuite, car je croyais être désormais libéré de l'obligation de suivre l'ennuyeux itinéraire de Sébastien, qui ne nous emmène découvrir que des endroits que je connais déjà.

— Attends un peu, m'a dit Geneviève.

Elle a fouillé dans ses bagages et a exhibé un cahier rouge.

— À Grand Isle, a-t-elle dit. C'est dans le Sud…

Il y avait donc *deux* cahiers rouges. Celui que j'ai jeté dans le Pacifique, à Big Sur. Et celui que Geneviève a entre les mains et que Sébastien a dû mettre à la poste quelque part entre la Louisiane et la Californie, sans que je m'en rende compte ou que je m'en souvienne. Mon supplice n'est pas terminé.

Il faut à tout prix que je détruise ce damné cahier.

Grand Isle
(Louisiane)

Le 5 décembre 1989

— Allez, on part! a décrété Geneviève, ce matin.

Le temps que je ramasse la vaisselle qui traînait sur la table de pique-nique et que Geneviève range ses vêtements qui encombraient la fourgonnette, nous étions en route.

À la sortie du camping, j'ai tourné à gauche, vers le traversier du Mississippi, que j'avais pris l'an dernier avec Sébastien pour aller à Grand Isle. Je n'ai pas pensé un instant que j'aurais plutôt dû demander à Geneviève le chemin à suivre.

Elle avait le cahier rouge sur ses genoux, mais ne lisait pas. C'est beaucoup plus tard, en m'apprêtant à prendre le chemin qui longe le bayou Lafourche en direction de Grand Isle, que je me suis enfin rendu compte que Geneviève ne m'avait pas donné la moindre instruction sur l'itinéraire de son frère. Comment pouvais-je justifier de passer par là sans savoir où Sébastien était allé?

— Où est-ce qu'on va, maintenant? ai-je demandé en ralentissant à peine.

Geneviève s'est tirée de ses rêveries, a consulté le cahier.

— Après, il parle de Grand Isle. C'est de quel côté?

— Justement, c'est par là, ai-je dit en pointant le doigt vers le panneau routier brun indiquant la direction du parc d'État de Grand Isle.

Apparemment, Geneviève n'a rien remarqué de bizarre. N'empêche que je me suis senti obligé de m'expliquer.

— C'est drôle, mais en regardant la carte, ce matin, je me suis dit que Sébastien avait dû faire un tour à Grand Isle.

Geneviève a hoché la tête, s'est absorbée de nouveau dans la lecture du cahier, à haute voix. Sébastien avait noté des renseignements sur les *elevating boats*. Justement, il en passait un dans le bayou Lafourche. C'était la première fois que j'en voyais un naviguer. Il avançait, avec ses trois poteaux — un à l'avant et deux à l'arrière — fixés à la coque, comme d'immenses cannes à pêche. Moi qui avais cru que ces bateaux vont s'accrocher à des poteaux fixes ! Au contraire, ils les transportent avec eux. Ils font la navette avec les plates-formes pétrolières, descendent leurs poteaux dans le fond de la mer et se hissent comme des ascenseurs pour effectuer des travaux ou livrer des provisions. D'après Sébastien, ces poteaux peuvent mesurer jusqu'à une centaine de mètres. Et il arrive parfois qu'un *elevating boat* tombe. De haut.

Sébastien savait tout sur ces bateaux-ascenseurs et il ne m'en avait rien dit. Je lui en veux. Mais il est vrai que je ne lui avais pas posé de question.

Ce souvenir m'a mis en rogne. J'ai demandé à Geneviève de cesser de lire le journal à haute voix.

— Pourquoi ?

— Ça m'énerve. Je préfère me concentrer sur la route.

Quelques instants plus tard, j'avais changé d'avis. Si tout à coup Geneviève tombait sur mon nom, il faudrait que je le sache tout de suite. Et je feindrais de me souvenir subitement de ce type que j'avais pris en stop, et de m'étonner que ce pouvait être, à bien y penser, Sébastien Mauro qui voyageait sous un autre nom.

Non, cela n'a aucun sens, puisque j'ai déjà connu Sébastien à Montréal et que Geneviève le sait. De plus, je lui ai toujours caché que j'ai voyagé aux États-Unis l'hiver dernier.

Mais, plus Geneviève continue la lecture du cahier rouge, plus je me convaincs que je n'y serai pas mentionné. C'en est même vexant. Comme si les tatous écrasés sur le bord de la route où on les confond avec des morceaux de pneu, les formations en V des pélicans blancs, même les plus vulgaires des coquillages avaient plus d'importance que moi.

Le 7 décembre 1989

Cet après-midi, Geneviève m'a lu à haute voix un poème que Sébastien a écrit ici. Apparemment par un jour brumeux.

Le soleil s'est caché ce matin
Il aurait fallu le tirer du lit
Comme un mineur qui s'en va respirer
L'amiante ou creuser l'or qu'il ne pourra toucher

Le soleil a troué l'horizon
N'a lancé que de rares rayons
Égarés, perdus comme des enfants battus
Moroses comme des filles violées

Le soleil aurait dû se saouler dans la mer
Sauter les vagues et danser dans les creux
Goûter les méduses et lécher les amarres
Il fuyait les bouées et n'a vu que crachin

Le soleil n'a pas couru sur le coup de midi
Il s'est fait complice de l'ennui de la nuit
Poursuivi par la brume et surpris par les phares
Les étoiles ont percé l'espoir s'est éclipsé

Le soleil s'est couché aujourd'hui
Sans un instant ouvrir l'œil
Pour se mirer dans les marées
Ce soir l'infini était plus qu'achevé

Geneviève lit très bien quand elle s'en donne la peine. C'était la première fois que je la sentais comédienne, alors que j'avais cru qu'elle avait tout juste assez de talent pour jouer des rôles muets dans les messages publicitaires.

J'ai senti à quel point elle était émue. C'était même la première fois que je discernais chez elle un sentiment fort et profond. Était-ce l'effet du poème, ou du souvenir de son frère ?

Ce soir, j'ai demandé à Geneviève de me prêter le cahier pour transcrire le poème dans mes notes de voyage. Cela lui a fait plaisir. Je comptais surtout avoir l'occasion d'aller voir plus loin, dans le cahier, si j'y suis. Mais elle est restée près de moi tout le temps que je l'ai eu sous les yeux.

Le 10 décembre 1989

Ce matin, j'ai bien pensé avoir trouvé la solution à mes angoisses. Je croyais que Geneviève était partie faire sa promenade matinale et j'ai vu qu'elle avait oublié le cahier rouge sur son siège, dans la fourgonnette. J'entendais le camion des éboueurs, à l'autre bout du camping. Je me suis hâté de déposer le cahier dans une poubelle. Mais Geneviève est revenue aussitôt — des toilettes, pas de la plage.

Elle a cherché son cahier partout. Juste comme les éboueurs allaient s'emparer de la poubelle, elle est allée y jeter un coup d'œil et a récupéré son cahier.

— C'est peut-être moi qui l'ai jeté avec le journal, ai-je prétendu. Tu devrais faire attention de ne pas le laisser traîner n'importe où.

— Ce n'est pas grave, j'ai une photocopie à Montréal. J'aurais pu demander à ma voisine de me l'envoyer.

Cela a coupé court à toute tentation de faire disparaître le cahier. Et je me donnerais un coup de pied au cul de ne pas avoir songé, avant de le lancer dans la poubelle, à regarder si on y parlait de moi.

Lafayette
(Louisiane)

Le 13 décembre 1989

Je me suis encore trahi, en quittant Grand Isle. J'ai tourné vers Houma au lieu de La Nouvelle-Orléans, sans que Geneviève m'ait indiqué la direction à suivre. Cette fois, c'est elle qui a réagi la première.

— Où est-ce qu'on va ?

— À Lafayette.

— Pourquoi ?

— Parce que ton frère est sûrement passé par Lafayette en quittant Grand Isle. Pas moyen de faire autrement. J'ai regardé la carte, ce matin.

— Sébastien dit seulement qu'il est allé à Houston.

J'ai garé la fourgonnette sur l'accotement, et nous avons consulté l'atlas routier.

— À moins qu'il soit passé par Thibodaux, a supposé Geneviève. Ensuite, il serait monté à Baton Rouge en suivant la route 1 le long du bayou Lafourche.

— Ça m'étonnerait. Il n'y a rien à voir à Baton Rouge. C'est seulement une grande ville. Tandis que Lafayette, tout le monde va là. C'est typiquement cajun.

— Mon frère se fichait des Cajuns. Tout ce qui l'intéressait, c'étaient les oiseaux, les poissons, n'importe quoi, mais sûrement pas les Cajuns.

J'aurais aimé pouvoir lui parler d'une certaine soirée dansante chez *Mulate* ou d'un trio cajun improvisé avec un grand-père et une fillette.

— Après Grand Isle, il parle seulement de Houston ?

— Oui.

— Tu es sûre ?

— Puisque je te le dis. Mais s'il est allé à Houston par la route la plus courte, il a sûrement pris la 14, par là, en passant par Lake Charles.

Je n'ai pas insisté. C'était absurde : nous discutions de l'itinéraire de Sébastien comme s'il avait été libre de ses mouvements, alors qu'il faisait du stop.

Un peu plus tard, j'ai docilement pris la route 14 en direction de Lake Charles et de Houston. Nous avons roulé quelques kilomètres en silence sur un bout de route que j'avais le plaisir de voir pour la première fois.

— Demi-tour ! s'est tout à coup écriée Geneviève. J'ai sauté une page. Il est passé par Lafayette.

— Il me semblait, aussi.

En soupirant, j'ai fait demi-tour, repris la route vers le nord. Nous sommes arrivés à Lafayette en fin d'après-midi.

Le camping municipal était presque plein. Nous nous sommes installés dans un emplacement voisin de celui que Sébastien et moi avions occupé un an plus tôt.

Vers trois heures du matin, le téléphone a sonné, comme s'il m'avait confondu avec Sébastien, son pire ennemi, et avait voulu le provoquer. Geneviève s'est agitée dans son sommeil. Mais elle ne s'est pas réveillée.

L'île Padre
(Texas)

Le 16 décembre 1989

Journée horrible.

Il était de plus en plus évident que je n'étais pas mentionné dans le cahier rouge. Nous étions rendus au Texas. Sébastien Mauro avait voyagé avec moi pendant un mois sans glisser un mot de ma présence, sans même laisser entendre qu'il n'était plus seul. Geneviève en était aux dernières pages du dernier cahier en sa possession. Elle devenait de plus en plus gaie et insouciante, comme soulagée par l'impossibilité de trouver dans les cahiers le moindre indice sur la mort de son frère. Peut-être cela a-t-il déteint sur moi. Je me sentais vaguement heureux, gagné par une agréable euphorie que je n'avais pas connue depuis La Nouvelle-Orléans, lorsque j'avais cru que le cahier jaune était le dernier.

En tout cas, j'ai été distrait quand nous sommes arrivés à l'île Padre. Geneviève s'était assoupie. Je venais de passer devant le camping à quatre dollars et je me dirigeais vers le camping gratuit, sur la plage, qui était notre camping préféré, à Sébastien et à moi.

Je me suis alors rappelé que nous avions d'abord passé quelques nuits dans le camping à quatre dollars. En principe, je l'ignorais et j'aurais pu continuer tout bonnement vers la plage, où vont la plupart des voyageurs. Mais, connaissant Geneviève, je savais qu'il aurait fallu rebrousser chemin dès qu'elle se serait réveillée et aperçue que nous ne refaisions pas exactement le même voyage que son frère.

Pourquoi perdre du temps et gaspiller de l'essence ?

J'ai décidé de faire demi-tour, pour ne réveiller Geneviève que lorsque nous serions revenus en vue du camping à quatre dollars. Mais, pendant cette manœuvre, Geneviève s'est réveillée. J'ai continué à rouler comme si de rien n'était.

— Où est-ce qu'on est ? m'a-t-elle demandé.

— Tu dormais. Je me suis égaré.

— Attends que je regarde dans le cahier.

Elle a tourné la page du cahier, sur ses genoux.

« L'île Padre est tantôt agréable, tantôt détestable, selon les secteurs. Désagréable dans le parking asphalté où Bernard a tenu à ce que nous passions les premières nuits. Agréable lorsqu'on s'installe plutôt sur la plage déserte, longue de plusieurs dizaines de kilomètres. »

J'ai sursauté. Mais Geneviève a continué de lire comme si de rien n'était. Elle n'avait pas sourcillé à la mention de Bernard. Peut-être ne l'avait-elle pas remarquée ? Peut-être ne serais-je plus jamais nommé dans ce cahier dont il ne restait plus que quelques pages à lire ?

Le cœur battant, j'espérais que Geneviève ne reviendrait pas sur ce prénom découvert comme un cheveu dans la soupe.

— Mais qui c'est, ce Bernard ? demanda-t-elle après avoir lu encore quelques lignes.

Je me cramponnais au volant, en cherchant désespérément quelque chose à dire.

— Je ne sais pas, ai-je dit enfin.

— Ça ne peut quand même pas être toi ? a-t-elle dit en riant bizarrement comme si elle avait déjà songé à cette possibilité.

Je continuai à me taire, en espérant qu'elle changerait de sujet et aussi parce que je ne savais plus quoi dire, même si j'avais passé des dizaines d'heures à me préparer à cette conversation.

— Tu n'es pas venu au Texas l'hiver dernier ? Hein, Bernard ?

— C'est-à-dire que... ai-je dit sans savoir comment achever ma phrase.

— Tu as rencontré Sébastien ici ! s'est-elle exclamée. Ça, c'est extraordinaire !

Elle avait l'air tout à fait enchantée de cette découverte. Aussi bien en profiter pour lâcher un petit morceau de vérité.

— Oui, plus j'y pense, plus il me semble que ça devait être lui.

— Comment ça, il te semble ? Tu le connaissais déjà.

— Oui, oui, c'était lui, ai-je admis avec agacement.

— Tu ne me l'avais pas dit ?

— C'est parce que...

C'est parce que quoi ? Vite, vite, une réponse.

Le ton de Geneviève se fit soudain soupçonneux.

— Tu as vraiment voyagé avec Sébastien ?

J'ai hoché la tête d'un mouvement oblique volontairement ambigu.

— Depuis quel endroit ?

Enfin, une question facile, à laquelle je pouvais répondre sans mentir et sans m'incriminer.

— Depuis la Floride. Tu sais : le parc du Golf, près de Pensacola.

— Jusqu'où ?

Hésitation. Longue. Trop longue. Quoi dire ?

— Jusqu'en Californie ? a suggéré Geneviève.

Me taire. Ne plus rien dire. Faire l'huître.

— Jusqu'à Big Sur ? Tu sais comment il est mort ? Tu étais là ?

Vite, mentir. N'importe comment. À condition que ce soit sans hésiter. Essayer de retrouver une des séries de mensonges que j'ai préparées depuis des semaines. Laquelle, déjà, fonctionnait le mieux ou le moins mal ?

— J'ai essayé de l'empêcher.

— De l'empêcher?

Raconter mon histoire, calmement. D'abord, stopper la fourgonnette sur le côté de la route. Voilà. Ça allait mieux. Au moins, nous ne risquions pas d'aboutir dans le décor. Je me suis tourné vers Geneviève, et me suis composé le visage le plus douloureux, le plus sincère dont je sois capable.

— J'ai voyagé avec lui pendant deux mois. J'avais une caravane. Et puis, un jour, à Big Sur, il était dans la caravane, qui s'est mise à reculer toute seule vers la falaise. Probablement parce qu'il a déplacé le centre de gravité en allant vers l'arrière. C'est lui qui avait tenu à ce qu'on s'installe là.

— Et il n'a pas été capable de sortir?

— C'est parce qu'il venait de poser un verrou à l'extérieur, avec un cadenas. La porte avait été abîmée et il avait peur qu'on se fasse dévaliser.

— Qu'est-ce que tu as fait?

— J'ai essayé de retenir la caravane, par le timon. Mais c'était trop lourd. J'ai glissé dans l'herbe. La caravane a continué de rouler...

— Tu n'as pas enlevé le cadenas?

— C'est Sébastien qui avait les clés, à l'intérieur. C'était affreux. J'étais affolé. Et puis il s'est mis à donner des coups d'épaule dans la porte. J'étais sûr qu'il arriverait à sortir. Mais ça lui a pris trop de temps. Quand la porte a fini par céder, il était déjà au-dessus de la mer.

— As-tu essayé de le secourir?

Je n'avais pas pensé à celle-là. Je l'ai saisie comme une perche et me suis lancé sans hésiter dans une longue improvisation.

— Oui, oui, je suis allé sur le bord de la falaise, mais il avait disparu dans les vagues. Et c'était haut. J'ai cherché du monde, un bateau, n'importe quoi. Il n'y avait personne. Pas moyen de demander de l'aide. J'ai couru à la voiture. Je suis parti vers le village. Puis, tout à coup, j'ai commencé à m'affoler. Je savais que Sébastien était mort. La falaise était trop haute pour qu'il survive. Et j'ai eu peur de la police. Comment prouver que c'était un accident? Qu'est-ce que je pouvais répondre si la police me disait: «C'est vous qui avez poussé la caravane en bas de la falaise»?

— Mais pourquoi tu aurais tué mon frère?

— Parce que je pensais qu'il voulait m'assassiner.

Aussitôt dite, j'ai regretté cette phrase. Tant que je n'avais pas de mobile, Geneviève ne pouvait pas croire ni même imaginer que je pouvais être le meurtrier de son frère.

— Pourquoi il aurait voulu te tuer?

Je n'avais plus envie de répondre. J'aurais voulu demander à réfléchir. Mais ç'aurait été l'équivalent d'un aveu.

Je lui ai raconté mes problèmes de pneus. La tentative de vol de la voiture. L'incendie. L'attelage mal fixé. Tout cela expliquait que je craignais que Sébastien me tue. Mais j'ai bien insisté sur le fait que sa mort était malgré cela un accident. La caravane s'était mise à reculer toute seule, lorsque Sébastien était allé à l'arrière. Je n'y avais pas touché tant qu'elle n'avait pas commencé à bouger. Je l'ai juré.

Geneviève m'a-t-elle cru? Je ne sais pas. Ses yeux se sont gonflés. Elle a versé quelques larmes. S'est mouchée. Puis m'a fait signe de continuer.

Le 18 décembre 1989

L'observation des fourmis peut être une occupation totalement fascinante. Hier midi, j'ai échappé un brin de spaghetti — de dix centimètres, peut-être — dans le sable. Aussitôt, les fourmis se sont précipitées. Deux heures après, le brin de spaghetti avait totalement disparu. Mais c'était facile: il était

tombé tout près de leur colonie, bien à l'abri sous la plaque de
béton qui soutient la table de pique-nique. La prochaine fois,
j'en laisserai tomber un à plusieurs mètres de leur fourmilière,
juste pour voir.

L'observation des fourmis fait partie de mes efforts dé-
sespérés pour m'occuper et pour éviter d'adopter un comportement de coupable.

Geneviève me boude. Mais elle ne me manifeste aucune
animosité évidente. Nous ne parlons plus de cette histoire. Il
est vrai qu'elle me parle encore moins que d'habitude. Nous
restons dans le camping à quatre dollars, qu'elle semble trouver
agréable malgré la piètre opinion qu'en avait son frère. Je
suppose qu'elle se contrefiche en ce moment de l'endroit où
nous sommes. La vie ici se déroule à peu près normalement.
« Qu'est-ce qu'on mange, ce soir ? — Des spaghetti à la sauce
piquante et au fromage, ça te plairait ? — Oui, ça me va. »

La nuit, je n'ose pas toucher Geneviève. Elle se couche
près de moi, ce qui n'est pas si mal, car j'ai craint qu'elle
m'envoie coucher dans la tente. Et rien n'interdit de penser
qu'une fois le choc passé nous reprendrons nos ébats amoureux, d'ailleurs pas si fréquents jusqu'à maintenant.

Geneviève a lu d'une traite la fin du cahier. J'ai bien
envie de le lui emprunter. Je serais curieux de savoir si son
frère y parle encore de moi, et ce qu'il en dit.

Je n'ose pas le demander. J'attends que Geneviève s'éloigne suffisamment pour que j'aie le temps de lire quelques
pages. Mais la seule fois qu'elle est allée faire une longue
promenade sur la plage, elle a emporté ses cahiers, comme
d'habitude. Songerait-elle à les utiliser éventuellement comme
pièces à conviction ?

Le 20 décembre 1989

Aujourd'hui, nous avons échangé une bonne dizaine de phrases. En deux conversations insignifiantes, désaccords sans importance, sur la grosseur et la longueur d'une corde à linge ainsi que sur l'endroit où garer la fourgonnette. Mais cela me semble bon signe : nous recommençons à nous parler pour de vrai.

Comme tous les trois jours, je me suis offert pour aller à Corpus Christi chercher des provisions. En général, Geneviève refuse de m'accompagner. À part le choix du vin, les courses ne l'intéressent pas. Et plus souvent qu'autrement elle me fait confiance pour cette corvée comme pour les autres.

— Je vais avec toi, a-t-elle dit spontanément.

Ravi, j'ai vu là le signe d'un début de réconciliation.

À Corpus Christi, nous sommes entrés dans un magasin à rayons.

— Il nous faudrait une bonne corde à linge, a dit Geneviève.

J'ai failli lui dire que nous en avions déjà une qui faisait parfaitement l'affaire. Mais je me suis retenu. Ce n'était pas le temps de nous quereller pour des vétilles.

Je me suis dirigé droit vers les bonbonnes de gaz pour le réchaud portatif. J'en ai pris trois, puis je me suis mis à la recherche de Geneviève. Je l'ai trouvée alors qu'elle examinait un paquet de corde de nylon jaune, de la grosseur du doigt.

— C'est trop gros pour une corde à linge, ai-je fait remarquer.

— Non, c'est sur une grosse corde que les pinces tiennent le mieux.

— Comme tu voudras.

J'ai examiné le paquet de corde : il y en avait cinquante mètres.

— C'est beaucoup trop long pour une corde à linge.

— De la corde, ça peut toujours servir.

J'ai regardé l'étiquette : presque dix dollars. C'était absurde de payer si cher pour une corde à linge. Mais Geneviève semblait persuadée que c'était en plein ce qu'il nous fallait.

— D'accord, ai-je dit sans bien cacher ma mauvaise humeur.

Elle m'a souri, pour la première fois depuis plusieurs jours. Et cela m'a fait plaisir.

Cela ne m'a pas empêché, en prenant de l'argent au guichet automatique, de penser encore qu'elle pourrait s'enfuir en emportant ma carte bancaire. En revenant à la fourgonnette, j'ai fait semblant de pester contre la limite de deux cents dollars par jour en espérant que cet obstacle la découragera de me planquer là. Elle n'a pas réagi. Elle a plutôt changé de sujet :

— Si on déménageait dans le secteur gratuit, sur la plage ?

En d'autres circonstances, je lui aurais fait remarquer que tant qu'à faire des économies on aurait eu plutôt intérêt à éviter de gaspiller dix dollars pour une corde à linge dont nous n'avions nul besoin. Mais je n'avais pas envie de lui faire perdre sa bonne humeur retrouvée.

— Comme tu voudras, ai-je murmuré docilement.

De retour au camping, elle m'a aidé à faire du rangement dans la fourgonnette. Elle semblait tout à fait enthousiaste à l'idée de se retrouver loin de tout le monde. Et je commençais à avoir envie, moi aussi, de me retrouver vraiment seul avec elle.

Nous avons emprunté la chaussée qui mène à la plage, puis roulé sur le sable, à marée haute, à l'endroit où il y avait le plus de traces de voitures. Une douzaine de camping-cars et de grosses caravanes étaient stationnés près des dunes. J'ai arrêté à une centaine de mètres après la dernière caravane.

— Ça te va ici ?

— Plus loin.

J'ai remis en marche, roulé encore deux bons kilomètres, en attendant toujours qu'elle me demande de stopper.

— Tu me diras quand tu voudras qu'on s'arrête, ai-je dit quand j'ai eu moi-même envie de m'arrêter.

— Encore un peu.

De loin en loin, on apercevait des toilettes chimiques. C'était le seul signe de civilisation, si on peut dire. Pour le reste, on aurait aussi bien pu être en plein désert du Sahara si celui-ci longeait la mer. Il y avait un kilomètre au moins qu'on n'avait pas vu de voiture, et je jugeais que l'endroit était suffisamment intime comme ça. Mais je continuai jusqu'à ce que Geneviève décide enfin :

— Ici, ce sera très bien.

Il y avait une cabine de toilettes, près d'un panneau routier qui annonçait que passé ce point la vitesse maximale était de vingt-cinq milles à l'heure, et non de quinze comme jusque-là.

J'ai arrêté la fourgonnette à une cinquantaine de mètres de la cabine.

— Plus près des chiottes, a demandé Geneviève.

— Si tu y tiens.

Je me suis rapproché à une vingtaine de mètres.

— Plus près encore.

— Ça risque de sentir.

— On verra bien.

Nous étions à moins de dix mètres.

— Ça te va comme ça ?

— C'est parfait.

De la fourgonnette, nous ne sentons aucune odeur désagréable. Pourvu que cela ne change pas avec le vent.

Tandis que j'écrivais ces notes, Geneviève a fait cuire les crevettes achetées en rentrant de Corpus Christi. C'était la première fois qu'elle préparait un repas depuis notre départ. Méfiant, je n'ai rien touché tant qu'elle n'eut pas mangé sa première crevette.

Le vent s'est mis à souffler, froid et vif. Nous buvons du rosé français, médiocre. Je range mon ordinateur. Je crois que la fin de la soirée va être délicieuse.

Le 26 décembre 1989

Pendant quelques jours, je me suis réjoui de ma sérénité retrouvée — comme jadis, enfant, au sortir d'une confession particulièrement chargée. Mais plus le temps passe et plus Geneviève retrouve sa bonne humeur, plus je deviens soupçonneux.

Si Geneviève essayait de m'endormir en préparant sa vengeance, elle ne s'y prendrait pas autrement. Et quelle vengeance prépare-t-elle?

Ma mort, peut-être.

Tout à l'heure, j'ai profité du fait que ma douleur à la cheville me laisse tranquille pour aller faire une longue promenade sur la plage et essayer de penser clairement.

Comment ferais-je à sa place?

Je pense que je m'empoisonnerais. Peut-être avec des aliments avariés. Ou bien je mettrais le feu dans la fourgonnette pendant que j'y dors, de préférence après m'avoir fait avaler des somnifères. Ou je m'enverrais faire des courses après avoir trafiqué la direction de la Dodge. Ou j'essaierais de m'asphyxier avec les gaz d'échappement. Ou encore je me tirerais un coup de revolver et je ferais croire qu'il s'agit d'un de ces mille et un malencontreux accidents domestiques dont sont remplis les journaux américains. Ou je me ferais nager dans le golfe du Mexique après m'avoir fait trop boire et trop manger. Ou je me pousserais à l'eau revêtu de l'équipement de plongée et je blâmerais le régulateur défectueux. À moins de me pendre à la corde achetée l'autre jour — mais il n'y a pas, à plusieurs kilomètres à la ronde, le moindre arbre où l'attacher.

À court d'hypothèses, je conclus qu'il m'est impossible de deviner de quelle manière Geneviève me tuera. Et, par conséquent, je ne vois pas comment je pourrais m'en défendre.

En revenant, j'ai aperçu Geneviève qui prenait du soleil sur une couverture — les seins nus, puisqu'il n'y a ici personne qui pourrait s'en scandaliser. De la voir ainsi, désirable, j'étais prêt à me trouver aussi ridicule de craindre Geneviève que je l'avais été de croire que son frère voulait me tuer.

Je me suis penché pour l'embrasser. J'avais peur qu'elle me repousse. Mais elle m'a laissé faire, avant de me poser la seule question capable de prouver qu'elle veut se débarrasser de moi :

— Est-ce que quelqu'un sait que tu es parti avec moi ? m'a-t-elle demandé de sa voix la plus hypocritement candide.

— Oui, ai-je répondu sans une seconde d'hésitation.

Mais je crois avoir répondu trop vite, ce qui démontrait que j'avais prévu la question et que je mentais. Ensuite, j'ai hésité un peu trop en cherchant à préciser qui était au courant de ce voyage en sa compagnie. Quand j'ai dit «mon concierge, monsieur Casaubon», j'ai regardé Geneviève d'un œil en coin. J'ai mal menti. Je suis sûr qu'elle ne me croit pas.

J'ai sorti l'ordinateur portatif, histoire de me donner une contenance pendant que je réfléchis non plus à la manière dont Geneviève pourrait se débarrasser de moi, mais plutôt moi d'elle.

La voisine qui a une photocopie des cahiers de Sébastien me coupe l'inspiration. La présence de mon prénom dans ces pages ne me préoccupe pas autant que la possibilité que Geneviève ait parlé de moi à cette voisine. Mais je suis prêt à parier que celle-ci n'est qu'une invention et qu'il n'existe aucune copie du cahier rouge. Geneviève a deviné que je voulais le détruire et cherché un moyen de m'en empêcher.

En tout cas, si je décide de la tuer, il faudra absolument que j'évite de la voir mourir. Je n'ai pas envie de revoir dans ma mémoire et dans mes rêves ce regard de bête qui se découvre soudain prise au piège, comme celui de Sébastien dans la caravane.

Pour l'instant, je ne trouve aucune manière satisfaisante de me débarrasser de Geneviève. C'est comme si j'essayais d'écrire un roman.

Le Grand Canyon

(Arizona)

Le 30 décembre 1989

Comme d'habitude, avant-hier, j'ai été le premier levé, dès que le soleil rougeoyant s'est montré au-dessus de l'horizon, dans les eaux du Golfe. Comme d'habitude, je fus le premier aux toilettes. Pendant que je déféquais tranquillement, j'ai entendu un frottement insolite contre la paroi de fibre de verre. Je me suis redressé pour regarder par le hublot grillagé, percé haut dans le mur de la cabine. J'ai entrevu Geneviève qui marchait rapidement.

— Qu'est-ce que tu fais ?

En silence, elle est bientôt passée de nouveau devant moi, dans la même direction. J'ai poussé la porte. Mais celle-ci ne s'est entrouverte que de quelques millimètres. Quelque chose la bloquait de l'extérieur.

— Geneviève, la porte est coincée. Pourrais-tu venir voir ?

Elle n'a pas répondu. J'ai appuyé de tout mon poids contre la porte, qui a encore refusé de s'ouvrir. À travers la paroi, j'ai aperçu la silhouette d'une corde qui faisait plusieurs fois le tour de la cabine. C'était notre corde à linge toute neuve. Aussitôt, je me suis senti pris au piège.

— Qu'est-ce qui se passe ?

Geneviève n'a toujours pas répondu. Par le hublot, je ne la voyais plus. J'ai entendu démarrer le moteur de la fourgonnette.

— Tu ne vas pas m'abandonner là, quand même ?

L'idée de me trouver enfermé pour quelques heures me paraissait une blague peu drôle. Peut-être même en aurais-je eu pour quelques jours avec le peu de circulation dans ce secteur de la plage. D'autant plus qu'une toilette entourée d'un câble peut paraître simplement défectueuse. Mais la fourgonnette, au lieu de s'éloigner, a reculé pour venir se placer juste derrière la cabine, vis-à-vis le hublot.

Geneviève est descendue.

— Qu'est-ce que tu fais ? Ce n'est pas des blagues à faire, ça.

Elle n'a toujours rien dit. Elle a ouvert les portes arrière de la fourgonnette et y est montée, en tirant derrière elle une extrémité de la corde à linge.

— Ça pue, ici ! ai-je encore protesté même si l'odeur était en train de devenir la moindre de mes inquiétudes.

Geneviève a fait passer l'extrémité de la corde par la fenêtre du côté du passager. Elle est ressortie de la fourgonnette en enjambant le siège du conducteur, a repris la corde et marché jusqu'au poteau du panneau de limite de vitesse. La fourgonnette était stationnée en ligne droite entre ce poteau et la cabine. Je ne voyais plus Geneviève, mais j'ai deviné qu'elle nouait au poteau le bout de la corde.

Remontée au volant, elle a mis la Dodge en marche arrière, tout doucement. Le choc a quand même suffi à ébranler la cabine. Je me suis retenu contre la paroi. De la cuvette, un jet de liquide nauséabond a jailli, mais je n'en ai reçu que quelques gouttes.

— Fais attention !

La fourgonnette s'est arrêtée, puis s'est remise plus lentement encore en marche arrière. J'ai entendu les pneus patiner dans le sable, la transmission grincer, la corde tendue siffler dans le vent.

« Elle n'y arrivera pas », me suis-je dit.

Elle y est arrivée. Lentement, la cabine a basculé vers la fourgonnette. Le moteur a forcé encore, et je me suis senti soulevé de terre. La cabine est retombée lourdement, sur le côté, à l'intérieur de la fourgonnette, tandis que ses liquides se répandaient autour de moi.

— Tu es folle ou quoi ?

Toujours pas de réponse. Le moteur tournait au ralenti. Impossible de rien voir, puisque le hublot était maintenant au plancher. J'étais sur le dos et j'ai donné de grands coups de pied dans la porte. En m'arc-boutant, j'ai poussé de toutes mes forces. Mais rien n'y a fait.

J'ai entendu claquer les portes arrière de la fourgonnette, puis celle-ci s'est remise en marche. Le départ brusque a fait déverser sur moi un supplément d'excréments. J'en avais partout sur le corps, dans le visage, plein les mains. C'était un brûlant mélange de produits chimiques, de matières fécales et d'urine. Je me suis essuyé le visage tant bien que mal avec mes bras nus.

— Qu'est-ce que tu attends de moi ?

Quelques minutes plus tard, il y a eu une violente secousse et un autre déversement de liquide, lorsque la fourgonnette a quitté le sable de la plage pour monter sur la chaussée. Je suis allé m'accroupir à la base de la cabine, plus large. Un virage brusque nous a fait faire un quart de tour, à moi et à ma prison. Je suis tombé sur le dos et me suis heurté le front. J'avais probablement une coupure à la tempe. Impossible de voir dans l'obscurité si ce que ma main essuyait sur ma joue était du sang ou des immondices.

— Tu pourrais faire attention, au moins !

Je me suis accroupi. J'étais mieux depuis que la cabine avait fait son quart de tour. La paroi latérale étant moins exiguë que la paroi arrière, occupée par la cuvette, je disposais de plus d'espace au sol. Par le hublot, aussi sur le côté, je profitais maintenant d'une lumière blafarde, qui valait mieux que l'obscurité totale. D'autant plus que je m'habituais à voir dans le noir.

La panique ne s'emparait pas de moi. L'idée que Geneviève pût vouloir m'enlever la vie m'effleurait. Mais je croyais qu'il serait possible de la raisonner. À condition de faire quelques promesses.

— Écoute, je suis prêt à te donner tout ce que je possède si tu me laisses sortir de là. Et je ne te ferai rien, je te jure. Si c'est à cause de ton frère, tu sais que c'était un accident. J'ai vraiment fait de mon mieux pour retenir la caravane.

Je me suis tu pendant un long moment. J'essayais de deviner où nous allions, en prêtant l'oreille aux bruits et en essayant d'interpréter les secousses et le sifflement des roues sur la chaussée. De loin en loin, je remarquais des séries d'arrêts et de départs, sans doute lorsque nous traversions des villes ou des villages. Pas de traversier, par contre. Nous n'allions donc pas vers le nord-est, où il aurait fallu prendre celui de Port Aransas. Mais peut-être Geneviève faisait-elle le détour par Corpus Christi pour éviter le traversier, à bord duquel elle aurait risqué que j'alerte les autres passagers.

Après plusieurs heures, la fourgonnette a fait un arrêt. J'ai reconnu le glouglou de l'essence dans le tuyau du réservoir, tout près de moi. Je me suis mis à crier, en anglais :

— Au secours ! Aidez-moi, s'il vous plaît !

J'ai crié sans arrêt, tant que nous ne sommes pas repartis. Je savais bien que cela ne servait à rien. Geneviève était assez intelligente pour faire le plein dans un libre-service désert, et pour utiliser l'îlot le plus éloigné. Mais crier me faisait paraître le temps moins long.

Ma voix a fini par craquer. Je me suis tu. Nous avons roulé encore longtemps. Jusqu'à la tombée de la nuit. Une impression incroyable s'empara alors de mon estomac : j'avais faim.

— J'ai faim !

J'ai regretté aussitôt ma question, parce que la réponse me vint immédiatement — crue et cinglante, mais peut-être aussi entrecoupée de sanglots :

— Mange de la marde !

Au moins, Geneviève avait dit quelque chose. J'ai tenté d'alimenter ce germe de conversation. N'importe comment. De préférence en l'attendrissant, quitte à mentir à moitié ou aux trois quarts.

— Je ne t'en ai jamais parlé, mais j'ai un fils de dix ans. Il vit avec sa mère, à Québec, mais c'est moi qui le fais vivre. Je lui envoie cinq cents dollars par mois.

Pas de réaction.

— Un beau petit garçon blond. Je ne sais pas s'il pourra s'en tirer, si jamais il m'arrivait quelque chose.

Toujours rien. J'ai renoncé.

Un peu ou beaucoup plus tard, la fourgonnette s'est encore arrêtée. Sans doute dans une halte routière sur une route peu fréquentée. Je n'entendais que le grondement lointain et espacé de lourdes semi-remorques. J'ai dormi un peu, mais quelques minutes seulement chaque fois, je suppose. Et, chaque fois que je me réveillais, je me remettais à appeler à l'aide, autant pour embêter Geneviève que dans l'espoir d'attirer l'attention d'hypothétiques passants.

Une fois, une voiture s'est arrêtée sans que je l'aie entendue approcher. Je me suis éveillé lorsqu'un peu de lumière de ses phares a filtré jusqu'à moi par le hublot. Et la porte de la fourgonnette a claqué.

Je me suis mis à crier au secours. J'avais l'impression que c'était la police, et que Geneviève avait eu juste le temps de sortir parler avec un agent avant que je commence à crier. Mais ce pouvait aussi bien être un voyageur qui cherchait son chemin ou qui essayait de flirter avec une voyageuse solitaire. L'autre voiture s'est bientôt éloignée.

Au petit jour, nous sommes repartis. Où pouvions-nous être? J'ai fait un petit calcul. À condition que nous n'ayons pas été arrêtés pendant plus de cinq ou six heures et que nous ayons roulé depuis sept heures du matin la veille, cela faisait dix-sept ou dix-huit heures de route. À quatre-vingt-dix de moyenne, cela pouvait faire dans les mille cinq cents kilomètres. Revenions-nous à Montréal ? Dans ce cas, nous devions être presque à mi-chemin. J'ai passé de longues minutes à me demander dans quel État nous nous trouvions. Mais je ne connais pas très bien le centre des États-Unis. Le Kentucky, peut-être, ou le Tennessee ?

La peau me brûlait. J'ai supplié Geneviève de me prêter une serviette mouillée. Sans effet. J'ai pensé tout à coup à passer aux aveux, à lui dire que oui, j'avais fait exprès pour précipiter son frère dans le Pacifique. Plaider la plus grande culpabilité pour feindre plus efficacement le repentir le plus total. Mais j'ai vite repoussé cette idée. Au contraire, il fallait que je m'en tienne à mon histoire : c'était un accident, la caravane est partie toute seule.

— Écoute, Geneviève, je te jure que c'était un accident. Je m'en veux de ne pas avoir pu déverrouiller la porte à temps. Mais crois-moi, j'ai vraiment fait tout ce que j'ai pu.

Il y eut quelques minutes de silence. Puis enfin la voix de Geneviève s'est fait entendre.

— Tu penses que je peux croire que Sébastien avait les clés avec lui ? Comment aurais-tu pu fermer le cadenas, dans ce cas-là ?

De toute évidence, Geneviève ne connaissait pas grand-chose aux cadenas. J'ai vite sauté sur ce rayon d'espoir.

— Geneviève, le cadenas... c'était un cadenas qu'on peut fermer sans avoir la clé. Tous les cadenas sont comme ça. Sébastien avait la clé dans sa poche, mais ça ne m'a pas empêché de fermer le cadenas.

Geneviève n'a pas réagi tout de suite. Bon signe : elle réfléchissait.

J'ai cherché comment lui prouver que Sébastien avait la clé avec lui dans la caravane tandis que je fermais le cadenas à l'extérieur.

— Arrête dans n'importe quelle quincaillerie et va voir les cadenas.

— Tu me prends vraiment pour la dernière des connes ?

J'ai compris à sa voix que j'étais jugé, sans appel et sans recours. Et qu'une démonstration de cadenas ne changerait rien à l'affaire. Mais à quoi étais-je condamné ?

Si Geneviève me ramenait à Big Sur, c'était tout simplement pour me livrer à la police, en Californie. Je ne voyais aucun moyen d'échapper à quelques années de prison. Peut-être même finirais-je sur la chaise électrique ou dans la chambre à gaz, si la peine de mort est infligée en Californie pour les meurtres prémédités. Et comment pourrais-je prétendre que je n'avais pas planifié mon crime, moi qui avais acheté un cadenas quelques heures avant de l'utiliser pour enfermer ma victime et la pousser dans le Pacifique ?

J'ai cherché une nouvelle stratégie pour m'en tirer.

— Écoute, Geneviève, je vais tout faire pour réparer le tort que j'ai fait. Je sais bien que je ne peux pas faire ressusciter ton frère. Mais je pourrais faire publier ses cahiers. Mon éditeur m'a dit qu'il s'intéressait, justement, aux récits de voyage. Si tu veux, je corrigerai ses cahiers. Je peux faire mieux : je vais les terminer. J'ai voyagé avec lui jusqu'à Big Sur. J'ai mes notes à moi. On pourrait les combiner. Et puis on va le finir, nous, son voyage. Je vais ajouter quelques chapitres, à la manière de ton frère. Personne ne verra de différence. Je suis sûr que ça pourrait être un grand succès de librairie. Comme de raison, je te laisserais tous les droits d'auteur. Ou bien, ton frère avait sûrement une cause qui lui tenait à cœur. Greenpeace, par exemple. Ou la Magnétothèque. Qu'est-ce que tu en penses ?

Si Geneviève en pensait quelque chose, elle ne le dit pas.

J'ai alors entrepris de frapper systématiquement contre la porte de ma prison avec mes deux pieds, dans l'espoir que les cordes finiraient par s'user. Ou que la paroi de fibre de verre céderait sous mes coups répétés. Après quelques minutes de ce manège, la fourgonnette s'est mise à freiner brusquement puis à accélérer en faisant crisser les pneus. Le peu de liquide, mi-chimique, mi-organique, qui restait au fond de la cuvette se répandit sur ma peau qui avait commencé à sécher.

J'ai cessé de frapper du pied. Geneviève a cessé de jouer du frein et de l'accélérateur.

Le pire, ce fut lorsque la faim m'a repris. L'odeur des excréments avait fini par me couper l'appétit, mais lorsque celui-ci est revenu, j'ai ressenti un mélange insupportable de fringale et de nausée.

— Tu peux me donner quelque chose à manger?

Je m'attendais à la même réponse que lorsque je m'étais plaint d'avoir faim la première fois. Mais il n'y en a pas eu. De toute façon, pour me donner à manger, il aurait fallu ouvrir la porte de la cabine. Si je parvenais à convaincre Geneviève de le faire, je pourrais tenter de m'évader.

— Écoute, je ne te ferai rien. Tu as juste à desserrer un petit peu les cordes pour me passer un sandwich, n'importe quoi, je crève de faim. Je ne bougerai pas. Je te le jure.

Elle ne s'est pas donné la peine de répondre.

La seule possibilité de m'en tirer: convaincre Geneviève de me relâcher. Par n'importe quel mensonge.

— Tu sais, Geneviève, tu es la première femme que j'aime pour de vrai. On pourrait se marier. Si ça te fait plaisir. Je vaux plus de deux cent mille dollars. Si je me remets à travailler un peu, on pourra vivre très bien. Peut-être acheter une maison à la campagne. Ou continuer de voyager. C'est comme tu voudras, bien entendu. On pourrait avoir un enfant. Si tu en as envie. Tu n'auras plus à faire de la publicité, à moins que tu y tiennes absolument. En tout cas, je te promets que je prendrai bien soin de toi. Parce que je t'aime. Et bientôt tu vas avoir oublié cette histoire avec Sébastien. C'était un accident. La faute du fabricant des pneus de la Mustang. La Monarch quelque chose, de quelque part en Ontario. Sans eux, rien de tout ça ne serait arrivé. Je traitais bien Sébastien, tu sais. Je payais presque tout. Et toi, tu vas voir comme je vais t'aimer. Pourquoi tu ne me dis rien?

Pour toute réponse, la fourgonnette s'est mise à zigzaguer d'un côté à l'autre de la route. Et je me suis tu, pour éviter de faire déverser sur moi le liquide épais qui valsait encore au fond du réservoir de la cabine.

Peut-être voulait-elle me ramener au Québec de la plus humiliante des façons?

J'ai fait un nouveau calcul approximatif : de Corpus Christi à Montréal, il devait y avoir au moins trois mille kilomètres, peut-être quatre ou cinq mille, soit de trente-cinq à soixante heures de route. J'avais encore plusieurs heures pour me tirer de là.

Comment? Je n'en avais pas la moindre idée. Mais il fallait que j'observe tout, que je prête l'oreille au moindre bruit, que j'apprenne à interpréter les accélérations et les ralentissements de la fourgonnette, les variations du chuintement des pneus sur la chaussée.

Tiens, justement, le véhicule ralentissait, tournait — à gauche — dans un petit chemin cahoteux. Un chemin de terre. De sable, peut-être. Pas de trous, pas d'ornières profondes, en tout cas. Quelques virages encore. On ralentissait de plus en plus. Des cahots, maintenant, qui me secouaient violemment. On s'arrêtait. Non : on repartait en marche arrière, très lentement. On s'arrêtait encore. Le moteur s'éteignait.

— *Help me, please!*

C'est à ce moment-là que j'ai songé pour la première fois au lien entre ma situation dans cette cabine et mon vieux surnom de «Bécossette».

Et je me suis mis à rire comme un fou.

— Y a quelque chose de drôle? a demandé la voix de Geneviève, tout près de moi.

J'ai continué de rire pendant un bon moment. J'ai été tenté de lui expliquer le motif de mon hilarité, puis j'ai changé d'avis. Ç'aurait été lui faire un cadeau. Elle n'en méritait pas.

— Rien, je me comprends.

— Ah bon, a-t-elle dit sur le ton de la plus totale indifférence.

J'ai senti la cabine bouger.

— C'est toi qui pousses?

— Qui tu veux que ce soit? a-t-elle répondu, le souffle court.

Sa voix était toute proche. Sans doute s'était-elle arc-boutée entre les sièges et la cabine pour pousser celle-ci hors de la fourgonnette. Et elle y est parvenue.

La cabine s'est redressée tout à coup à la verticale, et est tombée sur le sol. Elle s'est balancée un peu, puis s'est immobilisée.

— Tu ouvres?

— Pas tout de suite.

Elle allait m'ouvrir tout à l'heure, donc.

Que me réservait-elle? Était-elle armée? Attendait-elle des gens — la police, peut-être?

La cabine a soudain été bousculée de droite à gauche.

— Qu'est-ce que tu fais?

Geneviève l'éloignait de la fourgonnette. Désireux de sortir de là, où que je fusse, je m'efforçais de l'aider en faisant porter mon poids du côté où il fallait.

La cabine s'est immobilisée. La corde bruissa en glissant contre la paroi de fibre de verre et tomba sur le sol.

— Ça y est, tu peux sortir, maintenant, a-t-elle dit enfin.

J'ai hésité. Dans la lumière qui filtrait par le hublot, je me voyais vraiment crasseux. Mon pantalon de pyjama était plein de taches brunes et vertes sur fond de merde étalée. Peut-être y avait-il, derrière la porte, des policiers, des photographes, une foule? Peut-être tout cet exercice avait-il pour seul but de me ridiculiser publiquement? À moins qu'il n'y eût personne d'autre que Geneviève avec un revolver.

Surtout, où étions-nous? Sûrement pas au Québec. Peut-être à Big Sur. Oui, c'était ça: à Big Sur. La vérité m'apparaissait dans toute son évidence. Nous étions à Big Sur, mais Geneviève n'avait aucune intention de me donner à la police. Elle me forcerait plutôt à mettre son équipement de plongée et m'enverrait chercher dans la caravane, au fond de l'océan, le dernier cahier de son frère. Avec un régulateur défectueux! Qu'est-ce que cela pouvait bien lui faire, à elle? C'était une idée folle, mais qui tenait parfaitement debout et qui expliquait tout. Mais pas question que j'aille explorer le fond du Pacifique, moi qui n'avais jamais fait de plongée sous-marine.

— Si tu penses que tu vas me faire plonger, tu ne m'auras pas. Je ne suis même pas bon nageur. Et puis, le cahier n'est pas dans la caravane. Je l'ai jeté dans l'océan. Il n'en reste rien.

En tout cas, il n'était pas question que je reste dans cette bécosse une minute de plus. J'ai résolu de sortir sans plus tarder et de courir le plus vite possible, loin de la falaise ou des photographes ou des fusils ou de quiconque pourrait me molester ou se moquer de moi.

J'ai donné un grand coup de pied dans la porte et je me suis lancé à l'extérieur.

À la dernière fraction de seconde, je me suis retenu d'une main au cadre de la porte.

J'avais devant moi le paysage le plus somptueux que j'avais jamais vu. Celui dont Sébastien Mauro m'avait rebattu les oreilles et que j'avais refusé d'aller voir.

Le Grand Canyon! Des rochers sculptés par l'érosion, aux mille et une teintes d'ocre et de bleu, de rouge et de vert, de jaune et de gris. Une symphonie de formes et de silhouettes arrondies, anguleuses, striées. Des pics, des falaises, des châteaux forts, des forteresses et des sommets usés par les millénaires sous un ciel bleu à me faire cligner des yeux. Le paradis ou l'enfer?

L'enfer, car à mes pieds s'ouvrait un gouffre béant. Des centaines de mètres de profondeur.

C'était donc ça: Geneviève m'avait amené ici, dans un endroit que son frère aimait, et était sûre que je me lancerais tête baissée hors de cette cabine. Et ma vie n'avait tenu qu'à ce réflexe de ma main qui s'était accrochée au cadre de la porte. Péniblement, je suis revenu dans la cabine. C'est à ce moment-là que celle-ci s'est mise à osciller. Je me suis efforcé de la faire basculer loin du précipice. Mais c'était en vain : la cabine s'inclinait de plus en plus vers le gouffre.

— Maudit câlice ! ai-je dit à haute voix, moi qui ne jure jamais.

Je me suis précipité au fond de la cabine, dans une dernière tentative pour lui faire retrouver son équilibre. Mais il n'y avait rien à faire. Elle basculait dans le vide. J'ai eu le réflexe de m'asseoir sur le siège, d'appuyer les mains contre les parois. La cabine a fait un premier tour sur elle-même.

Par la porte ouverte, j'ai vu le sol qui montait vers moi à toute vitesse. La porte s'est refermée toute seule. Je n'étais plus tout à fait sûr de ne pas avoir peur de la mort. J'ai poussé le loquet pour ne pas la voir venir.

Le 4 février 1991

Du jour au lendemain, je suis devenu un phénomène médiatique.

«The man in the back house» fut, après quelques tentatives de plus mauvais goût encore, le surnom retenu par les médias pour m'identifier après qu'un des scripteurs de Johnny Carson l'eut inventé.

La police parvint à retrouver le lieu d'origine du cabinet d'aisances. Mais le pantalon de pyjama que je portais, fabriqué à Taiwan, ne révéla rien sur l'identité de son propriétaire. Et toute trace de pneus avait été soigneusement effacée au sommet du Grand Canyon.

À l'émission d'Oprah Winfrey, un savant psychiatre soutint que «l'homme des chiottes» s'était sûrement suicidé. Il avait pu transporter là la cabine, repartir avec son camion et revenir à pied, effacer les traces de pneus et celles de ses pieds, avant de s'enfermer dans son cercueil improvisé et de se faire basculer au fond du Grand Canyon.

Ce psychiatre croyait à cet incroyable suicide parce qu'il arrive parfois, d'après lui, que des paranoïaques aient un tel comportement — qu'ils se badigeonnent d'excréments et se tuent d'une manière spectaculaire, pour mieux expier ce qu'ils croient être leurs crimes.

Après deux semaines de cette célébrité instantanée, on n'entendit plus parler de l'homme des chiottes.

À Montréal, le propriétaire de mon immeuble ne s'inquiéta de moi que lorsqu'un premier chèque de loyer fut refusé par ma banque. Il ordonna à monsieur Casaubon de transporter mes effets personnels dans un casier, au sous-sol, et de mettre l'appartement en location.

Six mois plus tard, le concierge retrouva mes choses en faisant le ménage du sous-sol. Après avoir consulté le propriétaire, il téléphona à la police, qui fit une brève et paresseuse enquête, ne retrouva pas ma trace et conseilla discrètement au concierge de jeter les objets sans valeur et de garder le reste pour lui.

Plus jamais personne ne s'inquiéta de mon sort.

Montréal

Le 3 mai 1991

Chère Madame Rouma,

Nous sommes flattés de la confiance que vous avez témoignée envers notre maison d'édition en nous confiant votre manuscrit intitulé *Les Pneus*.

Notre comité de lecture a été impressionné par l'ingéniosité avec laquelle vous terminez votre récit en vous inspirant d'un fait divers qui a fait rire toute l'Amérique.

Malheureusement, sa structure souffre d'un défaut gênant : comment votre «héros» peut-il continuer à écrire ses souvenirs de voyage, alors qu'il est d'abord enfermé dans des toilettes, puis mort?

Nous croyons qu'il existe une solution assez simple à ce problème : récrire la dernière partie comme s'il s'agissait non plus du journal de Bernard Cossette mais plutôt de celui de Geneviève Mauro. Celle-ci pouvait, si j'ai bien compris, avoir accès aux fichiers informatisés de sa victime. Rien ne l'aurait empêchée d'écrire elle-même la suite de l'histoire de Bernard Cossette, telle qu'elle en a d'ailleurs été le seul témoin.

En espérant que vous accepterez de nous confier une nouvelle version de votre ouvrage, je vous prie, chère Madame, d'agréer l'expression de mes sentiments les meilleurs.

François Alary

Directeur littéraire,
Éditions QWERTY

TABLE

Achevé   Imprimerie
d'imprimer Gagné Ltée
au Canada Louiseville